Winter & Straight

パーソナルカラー

冬

×

骨格診断

ストレート
似合わせBOOK

ビューティーカラーアナリスト®

海保麻里子
Mariko Kaiho

sanctuarybooks

Prologue

　いつでも、どこでも、いくつになっても、心地いい自分でいたい。
　日々身につける服も、メイクやヘアスタイルも、自分の心と体によくなじむものだけを選んで、毎日を気分よく過ごしたい。

　でも、私に似合うものってなんだろう？
　世の中にあふれる服やコスメのなかから、どうやって選べばいいんだろう？

　そんな思いを抱えている方に向けて、この本をつくりました。

　自分に似合うものを知る近道。それは、自分自身をもっとよく知ること。
　もともともっている特徴や魅力を知り、それらを最大限にいかす方法を知ることが、とても大切になります。

　そこで役立つのが、「パーソナルカラー」と「骨格診断」。
　パーソナルカラーは、生まれもった肌・髪・瞳の色などから、似合う「色」を導き出すセオリー。骨格診断は、生まれもった骨格や体型、ボディの質感から、似合う「形」と「素材」を導き出すセオリー。

　この2つのセオリーを知っていれば、自分に似合う服やコスメを迷いなく選べるようになります。

買ってみたもののしっくりこない……ということがなくなるので、ムダ買いが激減し、クローゼットのアイテムはつねにフル稼働。毎朝の服選びがグッとラクになり、それでいて自分にフィットするすてきな着こなしができるようになります。

　自分の魅力をいかしてくれるスタイルで過ごす毎日は、きっと心地よく楽しいもの。つづけるうちに、やがて「自信」や「自分らしさ」にもつながっていくと思います。

　この本の最大のポイントは、12冊シリーズであること。
　パーソナルカラーは「春」「夏」「秋」「冬」の4タイプ、骨格は「ストレート」「ウェーブ」「ナチュラル」の3タイプに分類され、かけ合わせると合計12タイプ。
　パーソナルカラーと骨格診断の専門知識にもとづき、12タイプそれぞれに似合うファッション・メイク・ヘア・ネイルを1冊ずつにわけてご紹介しています。

　1冊まるごと、私のためのファッション本。
　そんなうれしい本をめざしました。これからの毎日を心地いい自分で過ごすために、この本を手もとに置いていただけたら幸いです。

この本の使い方

この本は

パーソナルカラー **冬**

×

骨格診断 **ストレート**

タイプの方のための本です

【パーソナルカラー】
「春」「夏」「秋」「冬」の **4** タイプ

×

【骨格】
「ストレート」「ウェーブ」「ナチュラル」の **3** タイプ

かけ合わせると、合計 **12** タイプ

〈全12冊シリーズ〉

『パーソナルカラー春 ×骨格診断ストレート 似合わせBOOK』　『パーソナルカラー春 ×骨格診断ウェーブ 似合わせBOOK』　『パーソナルカラー春 ×骨格診断ナチュラル 似合わせBOOK』　『パーソナルカラー夏 ×骨格診断ストレート 似合わせBOOK』　『パーソナルカラー夏 ×骨格診断ウェーブ 似合わせBOOK』　『パーソナルカラー夏 ×骨格診断ナチュラル 似合わせBOOK』

＼この本はこれ！／

『パーソナルカラー秋 ×骨格診断ストレート 似合わせBOOK』　『パーソナルカラー秋 ×骨格診断ウェーブ 似合わせBOOK』　『パーソナルカラー秋 ×骨格診断ナチュラル 似合わせBOOK』　『パーソナルカラー冬 ×骨格診断ストレート 似合わせBOOK』　『パーソナルカラー冬 ×骨格診断ウェーブ 似合わせBOOK』　『パーソナルカラー冬 ×骨格診断ナチュラル 似合わせBOOK』

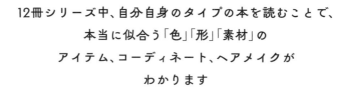

パーソナルカラーは……
似合う「**色**」がわかる

生まれもった肌・髪・瞳
の色などから、似合う
「色」を導き出します

骨格は……
似合う「**形**」「**素材**」
がわかる

生まれもった骨格や体
型、ボディの質感から、
似合う「形」と「素材」
を導き出します

12冊シリーズ中、自分自身のタイプの本を読むことで、
本当に似合う「色」「形」「素材」の
アイテム、コーディネート、ヘアメイクが
わかります

1 自分自身が「パーソナルカラー冬×
骨格診断ストレート」タイプで、 ⟶ **P27へ**
似合うものが知りたい方

2 自分自身の「パーソナルカラー」と
「骨格診断」のタイプが
わからない方

■ パーソナルカラーセルフチェック ⟶ **P12へ**

■ 骨格診断セルフチェック ⟶ **P22へ**

⟶ **12冊シリーズ中、該当するタイプの本を手にとってください**

Contents

Prologue 2

この本の使い方 4

色の力で、生まれもった魅力を
120%引き出す「パーソナルカラー」 10

パーソナルカラーセルフチェック 12

春 -Spring- タイプ 16

夏 -Summer- タイプ 17

秋 -Autumn- タイプ 18

冬 -Winter- タイプ 19

一度知れば一生役立つ、
似合うファッションのルール「骨格診断」 20

骨格診断セルフチェック 22

ストレート -Straight- タイプ 24

ウェーブ -Wave- タイプ 25

ナチュラル -Natural- タイプ 26

Chapter1

冬×ストレートタイプの
魅力を引き出す
ベストアイテム

鉄則 1 ホワイトのシャツ 28

鉄則 2 ダークブルーのストライプシャツワンピース 30

鉄則 3 ブラックのセンタープレスパンツ 32

鉄則 4 シルバーのピアス
みぞおちの長さのシルバーネックレス ………………………… 34

鉄則 5 華やかカラーのドラマティックメイク …………………… 36

冬×ストレートはどんなタイプ？ ……………………………… 38

似合う色、苦手な色 …………………………………………… 39

色選びに失敗しないための基礎知識 ………………………… 40

冬タイプに似合う色のトーンは？ …………………………… 41

第一印象は「フォーカルポイント」で決まる ……………… 42

体の質感でわかる、似合う素材と苦手な素材 …………… 44

重心バランスを制すると、スタイルアップが叶う ……… 45

結論！ 冬×ストレートタイプに似合う王道スタイル ……… 46

苦手はこう攻略する！ ………………………………………… 47

冬×ストレートタイプのベストアイテム12

① ホワイトのVネックTシャツ ……………………………… 48

② ブラックのボーダーカットソー …………………………… 49

③ ホワイトのシャツ …………………………………………… 50

④ ホワイトのタイトスカート ………………………………… 51

⑤ ブラックのセンタープレスパンツ ……………………… 52

⑥ ダークブルーのストライプシャツワンピース ………… 53

⑦ ブラックのテーラードジャケット ……………………… 54

⑧ ブラックのチェスターコート …………………………… 55

⑨ キャンバス×レザーのトート …………………………… 56

⑩ ブラックのレザーパンプス ……………………………… 56

⑪ シルバーのピアス
みぞおちの長さのシルバーネックレス ………………… 57

⑫ シルバーの腕時計 ………………………………………… 57

冬×ストレートタイプの
着まわしコーディネート14Days ································ 58

Column 骨格診断がしっくりこない原因は「顔の印象」 ············· 68

Chapter2

なりたい自分になる、
冬×ストレートタイプの
配色術

ファッションを色で楽しむ配色のコツ ··································· 70

配色テクニック① 色相を合わせる ···································· 71

配色テクニック② トーンを合わせる ··································· 71

配色テクニック③ 色相・トーンを合わせる（ワントーン配色）····· 72

配色テクニック④ 色相・トーンを変化させる（コントラスト配色）··· 72

配色テクニック⑤ アクセントカラーを入れる ························· 73

配色テクニック⑥ セパレートカラーを入れる ······················· 73

どの色を着るか迷ったときは？ 色の心理的効果 ··············· 74

11色で魅せる、冬×ストレートタイプの
配色コーディネート

GREEN グリーン ·· 76

PINK ピンク ··· 78

GRAY グレー ·· 80

BLACK ブラック ·· 82

RED レッド ··· 84

BLUE ブルー ·· 86

YELLOW イエロー ············ 87

NAVY ネイビー ············ 88

PURPLE パープル ············ 89

BROWN ブラウン ············ 90

WHITE ホワイト ············ 91

Column 「似合う」の最終ジャッジは試着室で ············ 92

Chapter3

冬×ストレートタイプの
魅力に磨きをかける
ヘアメイク

冬×ストレートタイプに似合うコスメの選び方 ············ 94

おすすめのメイクアップカラー ············ 95

自分史上最高の顔になる、
冬×ストレートタイプのベストコスメ ············ 96

基本ナチュラルメイク ············ 97

気高く輝くパープルメイク ············ 98

情熱的なレッドメイク ············ 99

冬×ストレートタイプに似合うヘア＆ネイル ············ 100

ショート、ミディアム ············ 101

ロング、アレンジ ············ 102

ネイル ············ 103

Epilogue ············ 104

協力店リスト ············ 106
著者プロフィール ············ 109

色の力で、生まれもった魅力を120%引き出す
「パーソナルカラー」

パーソナルカラーって何？

　身につけるだけで自分の魅力を最大限に引き出してくれる、自分に似合う色。

　そんな魔法のような色のことを、パーソナルカラーといいます。

　SNSでひと目惚れしたすてきな色のトップス。トレンドカラーのリップ。いざ買って合わせてみたら、なんだか顔がくすんで見えたり青白く見えたり……。

　それはおそらく、自分のパーソナルカラーとは異なる色を選んでしまったせい。

　パーソナルカラーは、生まれもった「肌の色」「髪の色」「瞳の色」、そして「顔立ち」によって決まります。自分に調和する色を、トップスやメイクやヘアカラーなど顔まわりの部分にとり入れるだけで、肌の透明感が驚くほどアップし、フェイスラインがすっきり見え、グッとおしゃれな雰囲気になります。

　これ、大げさではありません。サロンでのパーソナルカラー診断では、鏡の前でお客さまのお顔の下にさまざまな色の布をあてていくのですが、「色によって見え方がこんなに違うんですね！」と多くの方が驚かれるほど効果絶大なんです。

イエローベースと
ブルーベース

　最近「イエベ」「ブルベ」という言葉をよく耳にしませんか？

　これは、世の中に無数に存在する色を「イエローベース（黄み）」と「ブルーベース（青み）」に分類したパーソナルカラーの用語。

　たとえば同じ赤でも、黄みがあってあたたかく感じるイエローベースの赤と、青みがあって冷たく感じるブルーベースの赤があるのがわかるでしょうか。

　パーソナルカラーでは、色をイエローベースとブルーベースに大きくわけ、似合う色の傾向を探っていきます。

4つのカラータイプ「春」「夏」「秋」「冬」

　色は、イエローベースかブルーベースかに加えて、明るさ・鮮やかさ・クリアさの度合いがそれぞれ異なります。パーソナルカラーでは、そうした属性が似ている色をカテゴライズし、「春」「夏」「秋」「冬」という四季の名前がついた4つのグループに分類しています。各タイプに属する代表的な色をご紹介します。

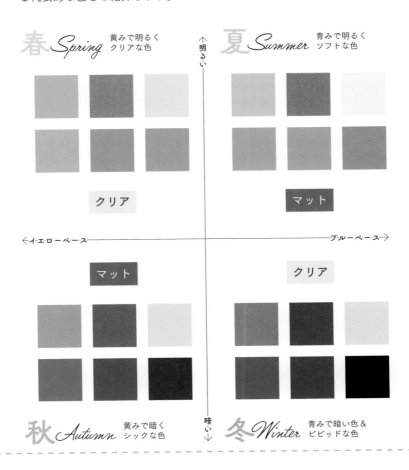

春 Spring　黄みで明るく クリアな色

夏 Summer　青みで明るく ソフトな色

↑ 明るい

クリア

マット

←イエローベース—————　—————ブルーベース→

マット

クリア

秋 Autumn　黄みで暗く シックな色

↓ 暗い

冬 Winter　青みで暗い色＆ ビビッドな色

パーソナルカラーセルフチェック

あなたがどのパーソナルカラーのタイプにあてはまるか、
セルフチェックをしてみましょう。迷った場合は、いちば
ん近いと思われるものを選んでください。

① できるだけ太陽光が入る部屋、または明るく白い照明光
　の部屋で診断してください。
② ノーメイクでおこなってください。
③ 着ている服の色が影響しないように白い服を着ましょう。

**診断はこちらの
ウェブサイトでも
できます（無料）**

Q1 あなたの髪の色は？
（基本は地毛。カラーリングしている方はカラーリング後の色でもOK）

A	B	C	D
黄みの
ライトブラウン	赤みのローズブラウン、
または
ソフトなブラック	黄みのダークブラウン、
または緑みの
マットブラウン	ツヤのあるブラック

Q2 あなたの髪の質感は？

A	B	C	D
ふんわりと
やわらかい
（ねこっ毛だ）。	髪は細めで
サラサラだ。	太さは普通で
コシとハリがある。	1本1本が太くて
しっかりしている。

Q3 あなたの瞳は？

A	B	C	D
キラキラとした黄みの
ライトブラウン〜
ダークブラウン。	赤みのダークブラウン
〜ソフトなブラック。
ソフトでやさしい印象。	黄みのダークブラウン
で落ち着いた印象。
緑みを感じる方も。	シャープなブラック。
白目と黒目の
コントラストが強く
目力がある。
切れ長の方も。

Q4 あなたの肌の色は？

A	B	C	D
明るいアイボリー。ツヤがあって皮膚は薄い感じ。	色白でピンク系。なめらかな質感で頬に赤みが出やすい。	暗めのオークル系。頬に色味がなくマットな質感。くすみやすい方も。	ピンク系で色白。または濃いめの肌色で皮膚は厚め。

Q5 日焼けをすると？

A	B	C	D
赤くなってすぐさめる。比較的焼けにくい。	赤くなりやすいが日焼けはほとんどしない。	日焼けしやすい。黒くなりやすくシミができやすい。	やや赤くなり、そのあときれいな小麦色になる。

Q6 家族や親しい友人からほめられるリップカラーは？

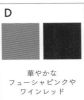

A	B	C	D
クリアなピーチピンクやコーラルピンク	明るいローズピンクやスモーキーなモーブピンク	スモーキーなサーモンピンクやレッドブラウン	華やかなフューシャピンクやワインレッド

Q7 人からよく言われるあなたのイメージは？

A	B	C	D
キュート、 フレッシュ、 カジュアル、 アクティブ	上品、 やさしい、 さわやか、 やわらかい	シック、 こなれた、 ゴージャス、 落ち着いた	モダン、 シャープ、 スタイリッシュ、 クール

Q8 ワードローブに多い、得意なベーシックカラーは？

A	B	C	D
ベージュやキャメルを 着ると、顔色が明るく 血色よく見える。	ブルーグレーや ネイビーを着ると、 肌に透明感が出て上品 に見える。	ダークブラウンや オリーブグリーンを 着ても、地味にならずに こなれて見える。	ブラックを着ても 暗くならず、小顔& シャープに見える。

Q9 よく身につけるアクセサリーは？

A	B	C	D
ツヤのあるピンク ゴールドや明るめの イエローゴールド	上品な光沢の シルバー、プラチナ	マットな輝きの イエローゴールド	ツヤのある シルバー、プラチナ

Q10 着ていると、家族や親しい友人からほめられる色は？

A	B	C	D
明るい黄緑や オレンジ、黄色など のビタミンカラー	ラベンダーや水色、 ローズピンクなどの パステルカラー	マスタードやテラ コッタ、レンガ色な どのアースカラー	ロイヤルブルーや マゼンタ、真っ赤など のビビッドカラー

✓ **A** が多かった方は　　**春** Spring タイプ

✓ **B** が多かった方は　　**夏** Summer タイプ

✓ **C** が多かった方は　　**秋** Autumn タイプ

✓ **D** が多かった方は　　**冬** Winter タイプ

いちばんパーセンテージの高いシーズンがあなたのパーソナルカラーです。パーソナルカラー診断では似合う色を決める4つの要素である「ベース（色み）」「明るさ（明度）」「鮮やかさ（彩度）」「クリアか濁っているか（清濁）」の観点から色を分類し、「春夏秋冬」という四季の名称がついたカラーパレットを構成しています。

パーソナルカラーは、はっきりわかりやすい方もいれば、複数のシーズンに似合う色がまたがる方もいます。パーソナルカラーでは、いちばん似合う色が多いグループを「1stシーズン」、2番目に似合う色が多いグループを「2ndシーズン」と呼んでいます。

・春と秋が多い方　黄みのイエローベースが似合う（ウォームカラータイプ）
・夏と冬が多い方　青みのブルーベースが似合う（クールカラータイプ）
・春と夏が多い方　明るい色が似合う（ライトカラータイプ）
・秋と冬が多い方　深みのある色が似合う（ダークカラータイプ）
・春と冬が多い方　クリアで鮮やかな色が似合う（ビビッドカラータイプ）
・夏と秋が多い方　スモーキーな色が似合う（ソフトカラータイプ）

The「春」「夏」「秋」「冬」タイプの方と、2ndシーズンをもつ6タイプの方がいて、パーソナルカラーは大きく10タイプに分類することができます（10Type Color Analysis by 4element®）。

※迷う場合は、巻末の「診断用カラーシート」を顔の下にあててチェックしてみてください（ノーメイク、自然光または白色灯のもとでおこなってください）。

春 Spring タイプ

カジュアル
キュート
フレッシュ
アクティブ

どんなタイプ？

かわいらしく元気な印象をもつ春タイプ。春に咲き誇るお花畑のような、イエローベースの明るい色が似合います。

肌の色

明るいアイボリー系。なかにはピンク系の方も。皮膚が薄く、透明感があります。

髪・瞳の色

黄みのライトブラウン系。色素が薄く、瞳はガラス玉のように輝いている方が多いです。

似合うカラーパレット

春タイプの色が似合う場合：肌の血色がアップし、ツヤとハリが出る

春タイプの色が似合わない場合：肌が黄色くなり、顔が大きく見える

ベースカラー

（コーディネートの基本となる色）：

アイボリー、ライトウォームベージュ、ライトキャメルなど、黄みのライトブラウン系がおすすめ。

アイボリー	クリームイエロー	ライトウォームベージュ	ライトキャメル
ゴールデンタン	アーモンドブラウン	ウォームグレー	ライトネイビー

アソートカラー

（ベースカラーに組み合わせる色）：

ピーチピンク、ライトターコイズなどを選ぶと、肌がより明るく血色よく見えます。

ピーチピンク	アプリコット	ライトサーモン	コーラルピンク
ライトクリアゴールド	パステルイエローグリーン	ライトトゥルーグリーン	ライトターコイズ

アクセントカラー

（配色に変化を与える色）：

ライトオレンジやブライトイエローなどのビタミンカラー、クリアオレンジレッドなどのキャンディカラーがぴったり。

ブライトイエロー	ライトオレンジ	クリアオレンジレッド	ブライトレッド
アップルグリーン	ブルーバード	ライトトゥルーブルー	クロッカス

夏 Summer タイプ

やさしい
さわやか
やわらかい
上品

どんなタイプ？

エレガントでやわらかい印象をもつ夏タイプ。雨のなかで咲く紫陽花のような、ブルーベースのやさしい色が似合います。

肌の色

明るいピンク系。色白で頬に赤みのある方が多いです。

髪・瞳の色

赤みのダークブラウン系か、ソフトなブラック系。穏やかでやさしい印象。

似合うカラーパレット

夏タイプの色が似合う場合：肌の透明感がアップし、洗練されて見える
夏タイプの色が似合わない場合：肌が青白く見え、寂しい印象になる

ベースカラー
（コーディネートの基本となる色）：
ライトブルーグレー、ソフトネイビー、ローズベージュなどで上品に。

オフホワイト　ローズベージュ　ココア　ローズブラウン

ライトブルーグレー　チャコールブルーグレー　ソフトネイビー　グレイッシュブルー

アソートカラー
（ベースカラーに組み合わせる色）：
青みのある明るいパステルカラーや、少し濁りのあるスモーキーカラーが得意。

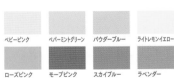

ベビーピンク　ペパーミントグリーン　パウダーブルー　ライトレモンイエロー

ローズピンク　モーブピンク　スカイブルー　ラベンダー

アクセントカラー
（配色に変化を与える色）：
ローズレッド、ディープブルーグリーンなど、ビビッドすぎない色が肌になじみます。

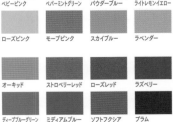

オーキッド　ストロベリーレッド　ローズレッド　ラズベリー

ディープブルーグリーン　ミディアムブルー　ソフトフクシア　プラム

秋 Autumn タイプ

ゴージャス

シック

落ち着いた

こなれた

どんなタイプ？

大人っぽく洗練された印象をもつ秋タイプ。秋に色づく紅葉のような、イエローベースのリッチな色が似合います。

肌の色

やや暗めのオークル系。マットな質感で、頬に色味がない方も。

髪・瞳の色

黄みのダークブラウン系。グリーンっぽい瞳の方も。穏やかでやさしい印象。

似合うカラーパレット

秋タイプの色が似合う場合：肌の血色がアップし、なめらかに見える

秋タイプの色が似合わない場合：肌が暗く黄ぐすみして、たるんで見える

ベースカラー
（コーディネートの基本となる色）：
ダークブラウン、キャメル、オリーブグリーンなどのアースカラーも地味にならず洗練度アップ。

アソートカラー
（ベースカラーに組み合わせる色）：
サーモンピンク、マスカットグリーンなど、少し濁りのあるスモーキーカラーで肌をなめらかに。

アクセントカラー
（配色に変化を与える色）：
テラコッタ、ゴールド、ターコイズなど、深みのあるリッチなカラーがおすすめ。

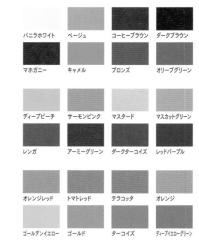

バニラホワイト　ベージュ　コーヒーブラウン　ダークブラウン
マホガニー　キャメル　ブロンズ　オリーブグリーン

ディープピーチ　サーモンピンク　マスタード　マスカットグリーン
レンガ　アーミーグリーン　ダークターコイズ　レッドパープル

オレンジレッド　トマトレッド　テラコッタ　オレンジ
ゴールデンイエロー　ゴールド　ターコイズ　ディープイエローグリーン

冬 Winter タイプ

スタイリッシュ

モダン

クール

シャープ

どんなタイプ？
シャープで凛とした印象をもつ冬タイプ。澄んだ冬空に映えるような、ブルーベースのビビッドな色が似合います。

肌の色
明るめか暗めのピンク系。黄みの強いオークル系の方も。肌色のバリエーションが多いタイプ。

髪・瞳の色
真っ黒か、赤みのダークブラウン系。黒目と白目のコントラストが強く、目力があります。

似合うカラーパレット

冬タイプの色が似合う場合：フェイスラインがすっきりし、華やかで凛とした印象になる

冬タイプの色が似合わない場合：肌から色がギラギラ浮いて見える

ベースカラー
（コーディネートの基本となる色）：
白・黒・グレーのモノトーンが似合う唯一のタイプ。濃紺も似合います。

ピュアホワイト　ライトグレー　ミディアムグレー　チャコールグレー

ブラック　グレーベージュ　ネイビーブルー

アソートカラー
（ベースカラーに組み合わせる色）：
深みのあるダークカラーで大人っぽく。薄いシャーベットカラーも得意。

ブルーレッド　マラカイトグリーン　パイングリーン　ロイヤルパープル

ペールグリーン　ペールブルー　ペールピンク　ペールバイオレット

アクセントカラー
（配色に変化を与える色）：
目鼻立ちがはっきりしているので、ショッキングピンクやロイヤルブルーなどの強い色にも負けません。

トゥルーレッド　チェリーピンク　ショッキングピンク　マゼンタ

レモンイエロー　トゥルーグリーン　トゥルーブルー　ロイヤルブルー

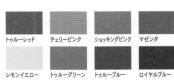

※ベース、アソート、アクセントカラーは配色によって変わることがあります

「骨格診断」

骨格診断って何？

　肌や瞳の色と同じように、生まれもった体型も人それぞれ。骨格診断は、体型別に似合うファッションを提案するメソッドです。

　体型といっても、太っているかやせているか、背が高いか低いか、ということではありません。

　骨や関節の発達のしかた、筋肉や脂肪のつきやすさ、肌の質感など、生まれもった体の特徴から「似合う」を導き出します。

　パーソナルカラーでは自分に似合う「色」がわかる、といいました。一方、骨格診断でわかるのは、自分に似合う「形」と「素材」。

　服・バッグ・靴・アクセサリーなど世の中にはさまざまなファッションアイテムがあふれていますが、自分の骨格タイプとそのルールを知っておけば、自分に似合う「形」と「素材」のアイテムを迷わず選びとることができるんです。

　体型に変化があっても、骨の太さが大きく変わることはありません。体重の増減が10kg前後あった場合、似合うものの範囲が少し変わってくることはありますが、基本的に骨格タイプは一生変わらないもの。つまり、自分の骨格タイプのルールを一度覚えてしまえば、一生役立ちます。

　年齢を重ねるとボディラインが変化していきますが、じつは変化のしかたには骨格タイプごとの特徴があります。そのため、年齢を重ねることでより骨格タイプに合ったファッションが似合うようになる傾向も。

　パーソナルカラーと骨格診断。どちらも、「最高に似合う」を「最速で叶える」ためのファッションルール。服選びに迷ったときや、鏡のなかの自分になんだかしっくりこないとき、きっとあなたを助けてくれるはずです。

3つの骨格タイプ「ストレート」「ウェーブ」「ナチュラル」

　骨格診断では、体の特徴を「ストレート」「ウェーブ」「ナチュラル」
という3つの骨格タイプに分類し、それぞれに似合うファッションアイ
テムやコーディネートを提案しています。

　まずは、3タイプの傾向を大まかにご紹介しますね。

ストレート *Straight*

筋肉がつきやすく、立体的でメリハリのある体型の
方が多いタイプ。シンプルでベーシックなスタイル
が似合います。

ウェーブ *Wave*

筋肉より脂肪がつきやすく、平面的な体型で骨が華奢
な方が多いタイプ。ソフトでエレガントなスタイルが
似合います。

ナチュラル *Natural*

手足が長く、やや平面的な体型で骨や関節が目立つ
方が多いタイプ。ラフでカジュアルなスタイルが似
合います。

骨格診断セルフチェック

診断はこちらの
ウェブサイトでも
できます（無料）

あなたがどの骨格診断のタイプにあてはまるか、セルフ
チェックをしてみましょう。迷った場合は、いちばん近い
と思われるものを選んでください。
①鎖骨やボディラインがわかりやすい服装でおこないましょう。
（キャミソールやレギンスなど）
②姿見の前でチェックしてみましょう。
③家族や親しい友人と一緒に、体の特徴を比べながらおこなうとわかりやすいです。

Q1 筋肉や脂肪のつき方は？

A 筋肉がつきやすく、二の腕や太ももの前の筋肉が張りやすい。

B 筋肉がつきにくく、腰まわり、お腹など下半身に脂肪がつきやすい。

C 関節が大きく骨が太め。肉感はあまりなく、骨張っている印象だ。

Q2 首から肩にかけてのラインは？

A 首はやや短め。肩まわりに厚みがある。

B 首は長めで細い。肩まわりが華奢で薄い。

C 首は長くやや太め。筋が目立ち肩関節が大きい。

Q3 胸もとの厚みは？

A 厚みがあり立体的(鳩胸っぽい)、バストトップは高め。

B 厚みがなく平面的、バストトップはやや低め。

C 胸の厚みよりも、肩関節や鎖骨が目立つ。

Q4 鎖骨や肩甲骨の見え方は？

A あまり目立たない。

B うっすらと出ているが、骨は小さい。

C はっきりと出ていて、骨が大きい。

Q5 体に対する手の大きさや関節は？

A 手は小さく、手のひらは厚い。骨や筋は目立たない。

B 大きさはふつうで、手のひらは薄い。骨や筋は目立たない。

C 手は大きく、厚さより甲の筋や、指の関節、手首の骨が目立つ。

Q6 手や二の腕、太ももの質感は？

A 弾力とハリのある質感。

B ふわふわとやわらかい質感。

C 皮膚がややかためで、肉感をあまり感じない。

Q7 腰からお尻のシルエットは？

A 腰の位置が高めで、腰まわりが丸い。

B 腰の位置が低めで、腰が横（台形）に広がっている。

C 腰の位置が高めで、お尻は肉感がなく平らで長い。

Q8 ワンピースならどのタイプが似合う？

A Iラインシルエットでシンプルなデザイン

B フィット＆フレアのふんわり装飾性のあるデザイン

C マキシ丈でゆったりボリュームのあるデザイン

Q9 着るとほめられるアイテムは？

A パリッとしたコットンシャツ、ハイゲージ（糸が細い）のVネックニット、タイトスカート

B とろみ素材のブラウス、ビジューつきニット、膝下丈のフレアスカート

C 麻の大きめシャツ、ざっくり素材のゆったりニット、マキシ丈スカート

Q10 どうもしっくりこないアイテムは？

A ハイウエストワンピ、シワ加工のシャツ、ざっくり素材のゆったりニット

B シンプルなVネックニット、ローウエストワンピ、オーバーサイズのカジュアルシャツ

C シンプルなTシャツ、フィット＆フレアの膝丈ワンピ、ショート丈ジャケット

― 診断結果 ―

 **A** が多かった方は **ストレート** タイプ

 B が多かった方は **ウェーブ** タイプ

 C が多かった方は **ナチュラル** タイプ

いちばん多い回答が、あなたの骨格タイプです（2タイプに同じくらいあてはまった方は、ミックスタイプの可能性があります）。BとCで悩んだ場合は、とろみ素材でフィット感のある、フリルつきのブラウス＆膝丈フレアスカートが似合えばウェーブタイプ、ローゲージ（糸が太い）のざっくりオーバーサイズのニット＆ダメージデニムのワイドシルエットが似合う方は、ナチュラルタイプの可能性が高いです。

ストレート Straight タイプ

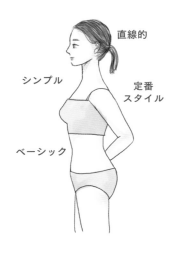

直線的

シンプル

定番
スタイル

ベーシック

どんなタイプ？

グラマラスでメリハリのある体が魅力のストレートタイプ。シンプルなデザイン、適度なフィット感、ベーシックな着こなしで「引き算」を意識すると、全体がすっきり見えてスタイルアップします。

体の特徴

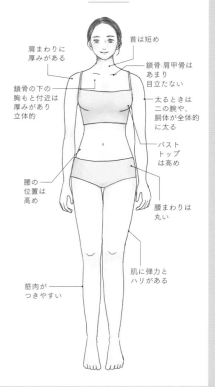

肩まわりに
厚みがある

首は短め

鎖骨・肩甲骨は
あまり
目立たない

鎖骨の下の
胸もと付近は
厚みがあり
立体的

太るときは
二の腕や、
胴体が全体的
に太る

バスト
トップ
は高め

腰の
位置は
高め

腰まわりは
丸い

肌に弾力と
ハリがある

筋肉が
つきやすい

似合うファッションアイテム
パリッとしたシャツ、Ｖネックニット、タイトスカート、センタープレスパンツなど、シンプル＆ベーシックで直線的なデザイン。

似合う着こなしのポイント
Ｖネックで胸もとをあける、腰まわりをすっきりさせる、サイズやウエスト位置はジャストにする、Ｉラインシルエットにする、など。

似合う素材
コットン、ウール、カシミヤ、シルク、表革など、ハリのある高品質な素材。

似合う柄
チェック、ストライプ、ボーダー、大きめの花柄など、直線的な柄やメリハリのある柄。

ウェーブ Wave タイプ

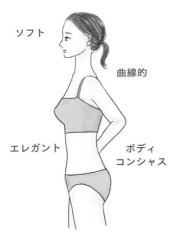

ソフト

曲線的

エレガント　　　　ボディ
　　　　　　　　　コンシャス

どんなタイプ？

華奢な体とふわふわやわらかい肌質が魅力
のウェーブタイプ。曲線的なデザインや装
飾のあるデザインで「足し算」を意識すると、
体にほどよくボリュームが出て、エレガン
トさが際立ちます。

体の特徴

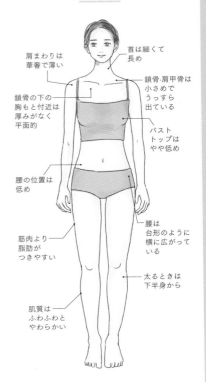

肩まわりは
華奢で薄い

首は細くて
長め

鎖骨・肩甲骨は
小さめで
うっすら
出ている

鎖骨の下の
胸もと付近は
厚みがなく
平面的

バスト
トップは
やや低め

腰の位置は
低め

腰は
台形のように
横に広がって
いる

筋肉より
脂肪が
つきやすい

太るときは
下半身から

肌質は
ふわふわと
やわらかい

似合うファッションアイテム

フリルや丸首のブラウス、プリーツや
タックなど装飾のあるフレアスカート、
ハイウエストのワンピースなど、ソフト
＆エレガントで曲線的なデザイン。

似合う着こなしのポイント

フリルやタックで装飾性をプラスする、
ハイウエストでウエストマークをして重
心を上げる、フィット（トップス）＆フ
レア（ボトムス）のXラインシルエッ
トにする、など。

似合う素材

ポリエステル、シフォン、モヘア、エナ
メル、スエードなど、やわらかい素材や
透ける素材、光る素材。

似合う柄

小さいドット、ギンガムチェック、ヒョ
ウ柄、小花柄など、小さく細かい柄。

ナチュラル Natural タイプ

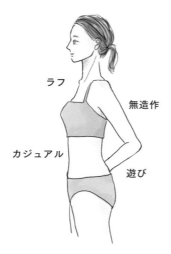

ラフ

無造作

カジュアル

遊び

どんなタイプ？

しっかりした骨格と長い手足が魅力のナチュラルタイプ。ゆったりシルエットや風合いのある天然素材で「足し算」を意識すると、骨格の強さとのバランスがとれて、こなれた雰囲気に仕上がります。

体の特徴

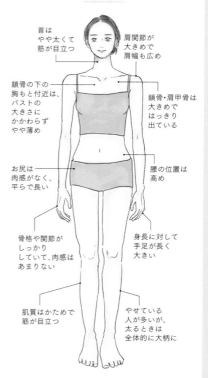

首は
やや太くて
筋が目立つ

肩関節が
大きめで
肩幅も広め

鎖骨の下の
胸もと付近は、
バストの
大きさに
かかわらず
やや薄め

鎖骨・肩甲骨は
大きめで
はっきり
出ている

お尻は
肉感がなく、
平らで長い

腰の位置は
高め

骨格や関節が
しっかり
していて、肉感は
あまりない

身長に対して
手足が長く
大きい

肌質はかためで
筋が目立つ

やせている
人が多いが、
太るときは
全体的に大柄に

似合うファッションアイテム

麻のシャツ、ざっくりニット、ワイドパンツ、マキシ丈スカートなど、ラフ＆カジュアルでゆったりとしたデザイン。

似合う着こなしのポイント

ボリュームをプラスしてゆったりシルエットをつくる、長さをプラス＆ローウエストにして重心を下げる、肌をあまり出さない、など。

似合う素材

麻、コットン、デニム、コーデュロイ、ムートンなど、風合いのある天然素材や厚手の素材。

似合う柄

大きめのチェック、ストライプ、ペイズリー、ボタニカルなど、カジュアルな柄やエスニックな柄。

Chapter 1

冬 × ストレートタイプの
魅力を引き出す
ベストアイテム

1

ホワイトのシャツ

- -

パリッとした綿 100% の真っ白なシャツは、冬
×ストレートのためにあるといっても過言ではな
いアイテム。混じりけのないホワイトは冬タイプ
をよりシャープに見せ、スタンダードなシャツは
ストレートタイプのメリハリある体をより美しく
見せます。首もとは第 2 ボタンまで外してやや
深めの V ゾーンをつくり、袖口はラフにまくっ
て手首を見せると、グッとこなれたムードに。

Shirt / NEWYORKER

純白の強さに負けない
華やかな存在感

2

ダークブルーの
ストライプシャツワンピース

1枚着るだけでIラインシルエットが完成する
シャツワンピースは、ストライプ柄で縦ラインを
さらに強調。コントラスト強めのダークブルー×
ホワイトで、少し太いストライプを選ぶと、凛
とした顔立ちと調和します。ウエストリボンは幅
3cm前後。ジャストウエスト位置で結ぶと重心
バランスが整います。第1ボタンを外して首も
とにVゾーンをつくることを忘れずに。

One piece / 編集部私物

服の力で瞬時に叶える
美シルエット

ブラックのセンタープレスパンツ

冬×ストレートの本命パンツは、スタイリッシュなブラック。ハリのある素材で、縦ラインを強めるセンタープレス入りなら、収縮色であるブラックの効果も相まって脚がより長く美しく見えます。適度なゆとりのあるシルエットで、筋肉のつきやすい太ももをさりげなくカバー。腰まわりはタックのないデザインですっきりと。

Pants / NEWYORKER

クールな美脚は黒で手に入れる

シルバーのピアス
みぞおちの長さのシルバーネックレス

シルバーのアクセサリーは、冬タイプの肌の透明
感をアップし、より洗練させてくれます。目鼻立
ちがはっきりしていてボディもリッチな冬×スト
レートは、やや存在感のあるシンプルなデザイン
が◎。ピアスは揺れないタイプで、直線的かつ大
きめ。ネックレスは太めのチェーンで、直線的な
辛口テイスト。みぞおちくらいの長さのもの（マ
チネタイプ）だと、ちょうどいい重心バランスに
なります。

Earrings / N.O.R.C
（編集部私物）
Necklace / Le scale

シャープなシルバーアクセで
どこまでも洗練される

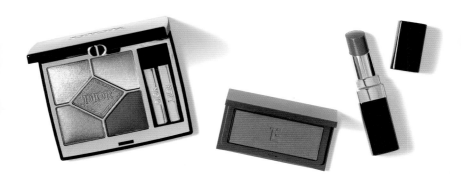

華 や か カ ラ ー の ド ラ マ テ ィ ッ ク メ イ ク

見た目でちょっと派手に感じる色も、冬×ストレートなら華やかに、それでいてあか抜けた雰囲気に仕上がります。青みを感じるクリアな色がおすすめ。鮮やかなローズピンクのチークと、深みのある赤紫系のレッドのリップを選んだら、アイシャドウはグレーがかったブラウンで色味を抑えて引き算を。上質なシルバーラメが目もとに幻想的な輝きを演出します。

アイシャドウ /
DIOR ディオールショウ サンク クルール 669 ソフト カシミア
チーク /
THREE THREE チーキー シーク ブラッシュ 05 FEELING THE FLOW
リップ /
CHANEL ルージュ ココ ブルーム 172120 フレッシュネス

ドラマティックな色で
凛と咲く華に

冬×ストレートはどんなタイプ？

天性のクールビューティー
髪や瞳が真っ黒で、はっきりとした顔立ちの方が多い冬タイプ。ビビッドカラーやモノトーンなどの強い色もスタイリッシュに着こなすことができます。ストレートタイプが得意な直線モチーフやシンプルなデザインを冬カラーでとり入れれば、凛とした魅力がより一層引き立ち、都会的なイメージになります。

イメージワード
スタイリッシュ、モダン、シャープ、凛々しい

冬×ストレートタイプの有名人
広瀬すず、二階堂ふみ、黒木メイサ、小池栄子
（※写真での診断によるものです）

冬タイプの特徴

ストレートタイプの特徴

- ブルーベース、低明度、高彩度、クリア
- シャープでビビッドな色が似合う
- 真っ白、黒、グレーのモノトーンが似合う

- グラマラスでメリハリのある体
- シンプルでベーシックなアイテムが似合う

似合う色、苦手な色

冬タイプに似合う色

　真っ黒な髪や瞳がシャープな印象の冬タイプ。顔立ちも華やかな方が多く、その雰囲気に負けないくらいのビビッドカラーやモノトーン、コントラストの強い配色が似合います。

　ストレートタイプの方には、ロイヤルブルー、真っ白、ブラックがとくにおすすめです。

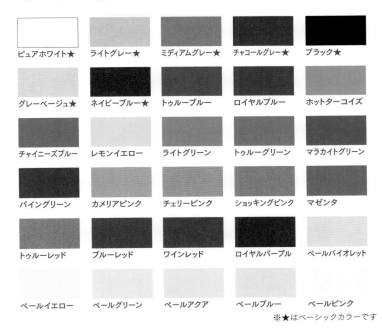

ピュアホワイト★	ライトグレー★	ミディアムグレー★	チャコールグレー★	ブラック★
グレーベージュ★	ネイビーブルー★	トゥルーブルー	ロイヤルブルー	ホットターコイズ
チャイニーズブルー	レモンイエロー	ライトグリーン	トゥルーグリーン	マラカイトグリーン
パイングリーン	カメリアピンク	チェリーピンク	ショッキングピンク	マゼンタ
トゥルーレッド	ブルーレッド	ワインレッド	ロイヤルパープル	ペールバイオレット
ペールイエロー	ペールグリーン	ペールアクア	ペールブルー	ペールピンク

※★はベーシックカラーです

冬タイプが苦手な色

　濁りのある色は、透明感のある肌に見えにくく苦手です。オレンジやゴールドなど黄みの強い色も、髪や瞳の色とぶつかって浮いてしまったり、顔に赤みが出てしまいあか抜けて見えなかったりします。

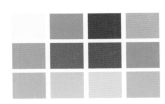

色選びに失敗しないための基礎知識

色の「トーン」のお話

　実際に服やコスメを選ぶときは、39ページの似合う色のカラーパレットと照らし合わせると選びやすいと思います。

　ここからは、「カラーパレットにない色を選びたい」「似合う色を自分で見極められるようになりたい」という方のために、ちょっと上級者向けの色のお話をしますね。

　下の図は、色を円環状に配置した「色相環」という図です。これは、赤・緑・青などの「色相」（色味の違い）を表しています。この色相環をもとに、ベースの色味が決まります。

　ただ、色の違いは色相だけでは説明できません。同じ赤でも、明るい赤や暗い赤、鮮やかな赤やく

すんだ赤があるように、色には「明度」（明るさ）や「彩度」（鮮やかさ）という指標もあります。

　明度や彩度が異なることによる色の調子の違いを「トーン」と呼んでいます。右ページ下の図は、色相とトーンをひとつの図にまとめたもの。

　「ビビッド」は純色と呼ばれる、最も鮮やかな色。そこに白を混ぜていくと、だんだん高明度・低彩度に。黒を混ぜていくと、だんだん低明度・低彩度になります。

　白か黒を混ぜるだけでは色は濁らずクリア（清色）ですが、グレー（白＋黒）を混ぜるとマット（濁色）になります。

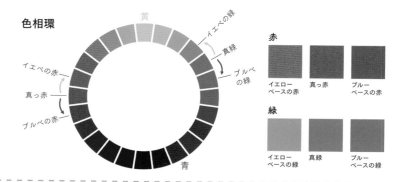

色相環

黄

イエベの緑

真緑

ブルベ
の緑

イエベの赤

真っ赤

ブルベの赤

青

赤

イエロー
ベースの赤 / 真っ赤 / ブルー
ベースの赤

緑

イエロー
ベースの緑 / 真緑 / ブルー
ベースの緑

冬タイプに似合う色のトーンは？

　個人差はありますが、下のトーン図でいうと、v（ビビッド）、dp（ディープ）、dk（ダーク）、p（ペール）などが冬タイプに似合いやすい色。このなかでも青みのある色を選べば

OKです（無彩色も得意です）。

　彩度が高いビビッドカラーは華やかな雰囲気、明度が高く彩度が低いシャーベットカラーは洗練された雰囲気になります。

トーン図

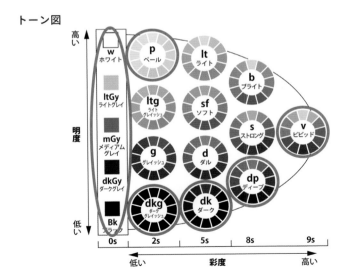

第一印象は「フォーカルポイント」で決まる

フォーカルポイントとは？

　おでこから胸もとまでの約30cmのゾーンを「フォーカルポイント」（目を引く部分）といいます。私たちは人と対面するとき、相手のフォーカルポイントを見てその人がどんな人かを無意識に判断しています。

　つまり、顔だけでなく「服のネックライン」までもが第一印象を左右するということ。

　「似合う」を手軽に、でも確実に手に入れるためには、顔まわりにパーソナルカラーをもってくることと同時に、服のネックラインにこだわることがとても大切なんです。

似合うフォーカルポイントのつくり方

　似合うネックラインと、苦手なネックライン。それは、骨格タイプによって決まります。

　体に立体感があるストレートタイプの方は、フォーカルポイントもすっきりさせることが鉄則。そのため、首もとがあいていない服やタートルネックではなく、ネックラインがあいた服を選ぶのがお

すすめです。

　バストが豊かな方は、デコルテが見えるくらい大きくあいたデザインを。

　バストが豊かで、かつ首が短めな方は、縦方向に大きくあいたVネックを。

　ストレートタイプは直線的なデザインが似合いますが、顔に丸みのある方は、Uネックやハートシェイプなど曲線的にあいたネックラインがマッチします。

　でも、冬の寒い日など、首もとをしっかり防寒したいときもありますよね。

　そんなときは、厚手のタートルネックは避けて、薄手の折り返しがないハイネックニットを。その上からみぞおちの長さのネックレスをしてVラインを強調すると、Vネックの服を着ているときと似た効果が得られます。

　ネックラインのほか、フォーカルポイントに近いスリーブ（袖）ラインも、肩まわりや二の腕の印象に影響を与えます。ネックラインに加えて意識するとさらに効果的！

サンクチュアリ出版
年間購読メンバー

クラブS

sanctuary books members club

1〜2ヵ月で1冊ペースで出版。

電子書籍の無料閲覧、イベント優待、特別付録など、
様々な特典も受けられるお得で楽しい公式ファンクラブです。

■ サンクチュアリ出版の新刊が すべて自宅に届きます。

**もし新刊がお気に召さない場合は他の本との
交換もできます。** ※合計12冊のお届けを保証。

■ サンクチュアリ出版の電子書籍が 読み放題になります。

スマホやパソコン、どの機種からでも閲覧可能です。
※主に2010年以降の作品が対象です。

■ オンラインセミナーに 特別料金でご参加いただけます。

**著者の発売記念セミナー、本の制作に関わる
プレセミナー、体験講座など。**

その他、さまざまな特典が受けられます。

クラブSの詳細・お申込みはこちらから

http://www.sanctuarybooks.jp/clubs

クラブS
会員さまのお声

読みやすい本ばかりでどの本も面白いです。

会費に対して、とてもお得感があります。

電子書籍読み放題と、新刊以外にも交換できるのがいいです。

サイン本もあり、本を普通に購入するよりお得です。

来たり来なかったりで気長に付き合う感じが私にはちょうどよいです。ポストに本が入っているとワクワクします。

自分では買わないであろう本を読んで新たな発見に出会えました。

オンラインセミナーに参加して、新しい良い習慣が増えました。

何が届くかわからないわくわく感。まだハズレがない。

本も期待通り面白く、興味深いものと出会えるし、本が届かなくても、クラブS通信を読んでいると楽しい気分になります。

読書がより好きになりました。普段購入しないジャンルの書籍でも届いて読むことで興味の幅が広がりました。

自分の心を切り開く本に出会いました。悩みの種が尽きなかったのに、そうだったのか！！！ってほとんど悩みの種はなくなりました。

頭のいい人の対人関係
誰とでも対等な
関係を築く交渉術

東大生が日本を
100人の島に例えたら
面白いほど経済がわかった!

なぜか感じがいい人の
かわいい言い方

サンクチュアリ
出版の
主な書籍

貯金すらまともにできていま
せんが この先ずっとお金に
困らない方法を教えてください!

考えすぎない人
の考え方

相手もよろこぶ 私もうれしい
オトナ女子の気くばり帳

ぜったいに
おしちゃダメ?

カメラはじめます!

学びを結果に変える
アウトプット大全

多分そいつ、
今ごろパフェとか
食ってるよ。

お金のこと何もわからないまま
フリーランスになっちゃいましたが
税金で損しない方法を教えてください!

カレンの台所

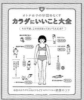

オトナ女子の不調をなくす
カラダにいいこと大全

図解 ワイン一年生

覚悟の磨き方
～超訳 吉田松陰～

サンクチュアリ出版 ＝ 本を読まない人のための 出版社

はじめまして。サンクチュアリ出版・広報部の岩田梨恵子と申します。
この度は数ある本の中から、私たちの本をお手に取ってくださり、
ありがとうございます。…って言われても「本を読まない人のための
出版社って何ソレ??」と思った方もいらっしゃいますよね。
なので、今から少しだけ自己紹介させてください。

ふつう、本を買う時に、出版社の名前を見て決めることって
ありませんよね。でも、私たちは、「サンクチュアリ出版の本だから
買いたい」と思ってもらえるような本を作りたいと思っています。
そのために"1冊1冊丁寧に作って、丁寧に届ける"をモットーに
1冊の本を半年から1年ほどかけて作り、少しでもみなさまの目に
触れるように工夫を重ねています。

そうして出来上がった本には、著者さんだけではなく、編集者や
営業マン、デザイナーさん、カメラマンさん、イラストレーターさん、書店さんなど
いろんな人たちの思いが込められています。そしてその思いが、
時に「人生を変えてしまうほどのすごい衝撃」を読む人に
与えることがあります。

だから、ふだんはあまり本を読まない
人にも、読む楽しさを忘れちゃった人たち
にも、もう1度「やっぱり本っていいよね」
って思い出してもらいたい。誰かにとって
の「宝物」になるような本を、これからも
創り続けていきたいなって思っています。

似合う！

Vネックのニットなら、首やデコルテがすっきり！
冬タイプに似合うブラックでスタイリッシュに。

しっくり
こない……

首もとがあいていないと、首が短く、ずんぐりとした印象に。黄みの強い色やくすんだ色、やわらかい素材も苦手。

［冬×ストレートタイプ］似合うネックライン

Vネック

Uネック

スクエアネック

シャツカラー

ラウンドネック

ハイネック

［冬×ストレートタイプ］似合うスリーブライン

半袖

ロールアップスリーブ

体の質感でわかる、似合う素材と苦手な素材

高品質素材が似合うストレートタイプ

骨格診断でわかるのは、似合うファッションアイテムの「形」と「素材」。形だけでなく素材もまた、似合う・似合わないを決める重要なポイントです。

ストレートタイプは、肌に弾力があって比較的筋肉質の方が多いタイプ。体の質感がリッチなので、それに負けないくらいのハリと適度な厚みがある高品質素材が似合います。

たとえば綿100%のシャツ。ブロードと呼ばれる、目の詰まった平織りの生地などは、上質で品がありストレートタイプにぴったり。

そのほか、目の詰まったハイゲージニット、ハリのあるシルク100%のブラウス、丈夫なギャバジン生地のトレンチコートなどもおすすめ。夏に麻素材が着たくなったら、ポリエステル混などのしっかりした生地のものを選ぶといいですよ。

きれいめな素材が得意なストレートタイプですが、厚手のデニムやハリのあるスウェット生地でカジュアルスタイルを楽しむのもすてきです。

体の質感に負けるのはどんな素材？

やわらかい素材や薄手の素材、透ける素材は、リッチな体の質感とマッチせずチープな印象に。ざっくりと編まれたローゲージニットは体の立体感が増し、ボディフィットタイプのストレッチ素材は体のラインを拾いすぎてしまいます。

高品質素材が似合うとはいえ、最近はリーズナブルでおしゃれな服がたくさん出ていて気になりますよね。そんなときはぜひ「濃いめの色」を選んでください。素材感がよりよく見えます。

なかには、ストレートタイプだけど肌がやわらかい、ウェーブタイプがミックスしている方も。その場合、パリッとした高品質素材がしっくりこないかもしれません。

そんなときはポリエステル素材もOK。できるだけハリのあるものを選んでみると、肌質になじみやすいと思います。

ストレートタイプに似合う素材

コットン

ウール

革

デニム

サテン

コーデュロイ

ストレートタイプに似合う柄

ストライプ

ボーダー

花柄

ボタニカル

アーガイル

ドット

重心バランスを制すると、
スタイルアップが叶う

自分の体の「重心」はどこにある？

　骨格タイプごとにさまざまな体の特徴がありますが、大きな特徴のひとつに「重心」の違いがあります。骨格診断でいう重心とは、体のなかでどこにボリュームがあるかを示す言葉。

　ストレートタイプは、胸もとに立体感がありバストトップの高い方が多いので、横から見るとやや上重心ですが、基本的に偏りはなく「真ん中」。

　ウェーブタイプは、バストトップや腰の位置が低く、腰の横張りがある「下重心」。

　ナチュラルタイプは、肩幅があって腰の位置が高く、腰幅の狭い「上重心」の方が多いです。

　自分の体の重心がどこにあるかを知り、服や小物で重心を移動させてちょうどいいバランスに調整する。これが、スタイルアップの秘訣です！

ストレートタイプに似合う重心バランス

　重心バランスを調整するためにまずチェックしたいのが、「ウエスト位置」と「トップスの着丈」。ストレートタイプはもともと重心が真ん中にあるため、重心を上げたり下げたりする必要はありません。

　ウエスト位置はジャスト。トップスの着丈も、腰骨に少しかかる程度のジャスト丈がおすすめ。

　ハイウエストにしたほうが脚長効果があるように感じるかもしれませんが、じつはストレートタイプの場合は逆効果。トップスをインして高い位置でウエストマークしたり、着丈の短いトップスを着たりすると、胸もとが詰まってバランスが悪く見えます。反対に、着丈の長いトップスを着ると、胴が間延びして見えます。

　重心バランスには、服だけでなく小物も関係します。

　バッグは、もつ位置によって重心を上下させることが可能。ストレートタイプは重心を移動させる必要がないので、トートバッグもハンドバッグもふつうにもてばOKです。

　靴は、ボリュームによって重心を上下させます。ストレートタイプは、ボリュームのある靴や華奢な靴は避けて、シンプルな靴を選べば大丈夫。

　ネックレスの長さも抜かりなく！　長すぎず短すぎず、みぞおちくらいの長さのものを選ぶと、ちょうどいいバランスに仕上がります。

結論！
冬×ストレートタイプに似合う
王道スタイル

コントラストを
きかせた
モノトーンスタイル

冬タイプの
パーソナルカラーで
スタイリッシュに

みぞおちの長さの
ネックレスで
Vゾーンを演出

着丈は少し腰骨に
かかるくらいの
ジャスト丈

マチありの四角い
大きめバッグ

直線で構成された
ポインテッドトゥ
サンダル

Vネックで
首もとをあけて
すっきりと

きれいめ素材

装飾のない
シンプルな
デザイン

シルバーアクセで肌の
透明感をアップ

ウエスト位置を
ジャストに
キープ

"ぴったり"でも
"ゆったり"でもない
適度なフィット感

Iラインシルエット

パーソナルカラーと
骨格診断に
合っていない
ものを着ると……

イエローベースの色は、
野暮ったく見える原因

首もとが詰まって
ずんぐり見える

しわ感のある素材や
オーバーサイズが
だらしない印象

重心が下がって
バランスがイマイチ

苦手はこう攻略する！

Q. 苦手な色のトップスを着たいときは？

A1. セパレーションする

苦手な色を顔から離す方法が「セパレーション」。
首もとに似合う色のネックレスやスカーフをする
など、似合う色を少しでも顔まわりにもってくる
ことが大切。セパレーションが難しいタートル
ネックは似合う色を選ぶことをおすすめします。

A2. メイクは似合う色にする

メイクの色は顔に直接的な影響を与えます。苦手
な色のトップスの影響を和らげるには、アイシャ
ドウ・チーク・リップを似合う色で徹底！

Q. 明るい色のトップスを着たいときは？

A. 淡いペールカラーを選ぶ

冬タイプの場合、中途半端なパステルカラーは甘くなりすぎて、あまり得意ではありま
せん。明るい色を着たいときは純白か、パステルカラーよりワントーン明るい淡いペー
ルカラーを選ぶと、お肌に透明感が出てすっきり見えます。

Q. シックなスモーキーカラーを着たいときは？

A. グレーを選ぶ

濁りのある色は地味に見えやすく苦手な冬タイプ。でも、白と黒だけを混ぜてできるモ
ノトーンのグレーなら、ライトグレーからチャコールグレーまで、どの明るさでもよくお
似合い。フェイスラインがすっきりして洗練されます。

冬×ストレートタイプのベストアイテム12

　ここからは、冬×ストレートタイプの方におすすめしたいベストアイテム12点をご紹介。冬×ストレートタイプの魅力を最大限に引き出してくれて、着まわし力も抜群のアイテムを厳選しました。

　これらのアイテムを使った14日間のコーディネート例もご紹介するので、毎日の着こなしにぜひ活用してください。

● BEST ITEM 1 ●

ホワイトのVネックTシャツ

1枚で着たりインナーにしたりとオールシーズン活躍するTシャツは、Vネックのベーシックなデザインが◎。定番アイテムこそ、自分に似合う1着をこだわって選んでおくと、コーディネートしやすくなります。

ハリのある
綿素材

ストレートの
鉄則、Vネック

肩が落ちていない
ベーシックな
デザイン

身幅も着丈も
ジャストサイズ

T-shirt / GU（編集部私物）

ブラックのボーダーカットソー

コーディネートのアクセント用にもっておきたい柄アイテム。ストレートタイプには直線的なボーダーがおすすめ。コントラストの強いホワイト×ブラックで、太すぎず細すぎないボーダーがボディと好バランス。

肩が落ちていない
ベーシックなデザイン

白地に適度な
太さのボーダー

身幅も着丈も
ジャストサイズ

ボーダーは
ブラック

Tops / 編集部私物

ホワイトのシャツ

ストレートタイプが得意なシャツは、冬タイプだけが似合う真っ白をぜひ
チョイスして。きれいめはもちろんカジュアルにも使えて便利。着たとき
に肩の切り替えラインが垂直になる、ジャストサイズが似合います。

ハリのある
綿素材

真っ白

第1〜2ボタンまで
あけてVネック
ラインをつくる

装飾のないシン
プルなデザイン

大きすぎず
小さすぎない適度な
フィット感

Shirt / NEWYORKER

ホワイトのタイトスカート

ストレートタイプにおすすめのスカートは、I ラインシルエットに仕上が
るタイトスカート。ウエスト芯があるタイプなら、シャツをインしても腰
まわりがすっきりします。色は、コーディネートがシャープに決まるホワ
イトを。

ウエスト芯あり ──

ギャザーや
タック入りは、
腰まわりに
ボリュームが
出るので避ける

Iラインシルエット ──
をつくる
タイトスカート

ホワイトで ──
コーディネートを
シャープに

Skirt / maison de Dolce.

ブラックのセンタープレスパンツ

センタープレス入りのパンツで脚長に。冬タイプはブラックでクールには
きこなすのがおすすめ。膝下の細い部分に合わせてスリムなものを選ぶと、
筋肉のつきやすい太もも部分がピタピタになるので注意。

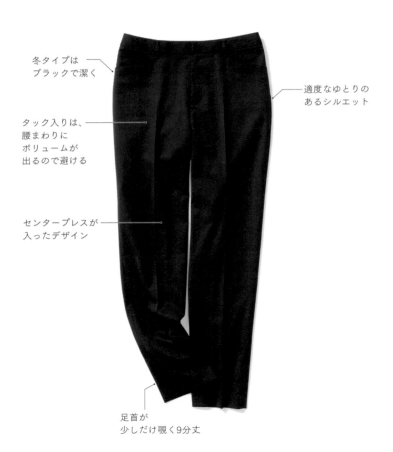

冬タイプは
ブラックで潔く

適度なゆとりの
あるシルエット

タック入りは、
腰まわりに
ボリュームが
出るので避ける

センタープレスが
入ったデザイン

足首が
少しだけ覗く9分丈

Pants / NEWYORKER

ダークブルーのストライプシャツワンピース

縦ラインを強調するストライプのワンピースは、ストレートタイプのスタイルアップの心強い味方。コントラストの強いダークブルーがおすすめです。スカートスタイルが苦手な方は、ボタンをあけてデニムパンツなどに羽織って。

ストレートに
ぴったりの
シャツタイプ

第1〜2ボタンまで
あけてVネックライ
ンをつくる

ベルトはジャスト
のウエスト位置で
結ぶ

ハリのある素材

コントラストの
強いダークブルー
のストライプ

One piece / 編集部私物

ブラックのテーラードジャケット

さまざまなデザインのジャケットがありますが、ストレートタイプの鉄板は王道のテーラードジャケット。腰骨丈で、胸もとに深いVゾーンができるシングルタイプを選びます。素材は上質なギャバジン、色はパンツと同じくブラックで。

冬タイプに
マッチする
クールなブラック

ウールギャバジン
などのしっかり
した素材

深いVゾーンが
できるシングル
タイプ

長すぎず
短すぎない
袖丈

長すぎず
短すぎない
腰骨丈

Jacket / NEWYORKER

ブラックのチェスターコート

直線で構成されたチェスターコートはストレートタイプにぴったり。選ぶ
ポイントは、適度にかっちりとした肩、適度な身幅、ミドル丈、裾が広がっ
ていないIラインシルエット。ブラックで思いきりハンサムに。

適度に
かっちりとした
肩ライン

ブラックコートが
似合うのは
冬タイプの特権

広がりすぎない
ジャストサイズの
身幅

ストンとまっすぐ
落ちるIライン
シルエット

膝くらいの
ミドル丈

Coat / 編集部私物

キャンバス×レザーのトート

バッグを選ぶときは、A4以上の大きめサイズで、直線的な四角いデザイン、マチのあるタイプがベスト。ホワイトのキャンバス素材とブラックのレザー素材のコンビネーションで、コーディネートにスパイスを。

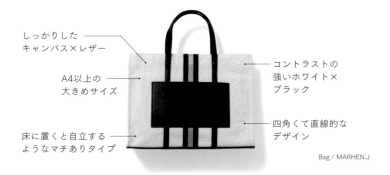

しっかりした
キャンバス×レザー

A4以上の
大きめサイズ

床に置くと自立する
ようなマチありタイプ

コントラストの
強いホワイト×
ブラック

四角くて直線的な
デザイン

Bag / MARHEN.J

ブラックのレザーパンプス

靴は上質なレザー（表革）素材で。すっきりとしたポインテッドトゥ、太すぎず細すぎないヒール、装飾のないデザインのパンプスがおすすめ。凛としたブラックでコーディネートにエッジを効かせて。

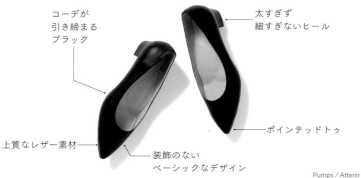

コーデが
引き締まる
ブラック

太すぎず
細すぎないヒール

上質なレザー素材

装飾のない
ベーシックなデザイン

ポインテッドトゥ

Pumps / Attenir

シルバーのピアス
みぞおちの長さのシルバーネックレス

ブルーベースの肌にはシルバーアクセサリーがマッチ。存在感のあるスクエア
のピアス・イヤリング、やや太めのチェーンと辛口デザインのみぞおちの長さ
のネックレスなら、冬×ストレートタイプの魅力をさらに引き立たせます。

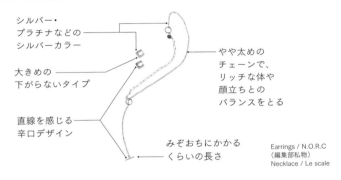

シルバー・
プラチナなどの
シルバーカラー

大きめの
下がらないタイプ

直線を感じる
辛口デザイン

やや太めの
チェーンで、
リッチな体や
顔立ちとの
バランスをとる

みぞおちにかかる
くらいの長さ

Earrings / N.O.R.C
（編集部私物）
Necklace / Le scale

シルバーの腕時計

手首をさりげなく飾る腕時計も、機能性だけでなく色や形にこだわって
コーディネートを楽しみましょう！ 冬×ストレートにおすすめなのは、
ベルトがメタルタイプのもの。シルバーカラーと直線的なデザインでクー
ルに。革ベルトならシンプルな黒がおすすめです。

シルバーカラーの
メタル素材

クールな雰囲気の
ローマンインデックス

直線的で
すっきりとした
デザイン

Watch / Cartier（編集部私物）

冬×ストレートタイプの

着まわしコーディネート 14Days

　自分に本当に似合うものを選ぶと、「最小限のアイテム」で「最高に似合うコーディネート」をつくることができるようになります。

　先ほどのベストアイテム12点をベースに、スタイリングの幅を広げる優秀アイテムをプラスして、冬×ストレートタイプに似合う14日間のコーディネート例をご紹介します。

BEST ITEM

① ホワイトのVネックTシャツ

② ブラックのボーダーカットソー

③ ホワイトのシャツ

④ ホワイトのタイトスカート

⑤ ブラックのセンタープレスパンツ

⑥ ダークブルーのストライプシャツワンピース

⑦ ブラックのテーラードジャケット

⑧ ブラックのチェスターコート

⑨ キャンバス×レザーのトート

⑩ ブラックのレザーパンプス

⑪ シルバーのピアス／みぞおちの長さのシルバーネックレス

⑫ シルバーの腕時計

切手を
お貼り下さい

113-0023

東京都文京区向丘2-14-9

サンクチュアリ出版

『パーソナルカラー冬×骨格診断ストレート
似合わせBOOK』
読者アンケート係

ご住所	〒□□□-□□□□

TEL※

メールアドレス※

お名前	男 ・ 女
	（　　　歳）

ご職業

1 会社員　2 専業主婦　3 パート・アルバイト　4 自営業　5 会社経営　6 学生　7 その他

ご記入いただいたメールアドレスには弊社より新刊のお知らせや イベント情報などを送らせていただきます。 希望されない方は、こちらにチェックマークを入れてください。	メルマガ不要	□

ご記入いただいた個人情報は、読者プレゼントの発送およびメルマガ配信のみに使用し、
その目的以外に使用することはありません。

※プレゼント発送の際に必要になりますので、必ず電話番号およびメールアドレス、
　両方の記載をお願いします。

弊社HPにレビューを掲載させていただいた方全員にAmazonギフト券（1000円分）をさしあげます。

『パーソナルカラー冬×骨格診断ストレート　似合わせBOOK』
読者アンケート

本書をお買上げいただき、まことにありがとうございます。
読者サービスならびに出版活動の改善に役立てたいと考えておりますので
ぜひアンケートにご協力をお願い申し上げます。

■本書はいかがでしたか？　該当するものに○をつけてください。

最悪	悪い	普通	良い	最高
★	★★	★★★	★★★★	★★★★★

■本書を読んだ感想をお書きください。

A ブラックのハイゲージVネック
ニット

Knit / 編集部私物

B グレーのプチハイネック
ニット

Knit / 無印良品（編集部私物）

C ロイヤルブルーのカーディ
ガン

Cardigan / NEWYORKER

D ブラックのジレ

Gilet / EUCLAID

E インディゴデニムのパンツ

Denim / L.L.Bean

F ネイビーのトレンチコート

Coat / 編集部私物

バッグ

Bag（上黒トート）/ L.L.Bean、（赤、大
レザー黒、ゼブラ）/ cache cache

靴

Boots / 編集部私物、Loafers（黒）/
ACHILLES SORBO、（茶）/ 卑弥呼、
Sneakers / ACHILLES SORBO、Sandals
（黒）/ 卑弥呼、（グリーン）/ mite

アクセサリー

Watch / G-MS、Earrings（チェーン）
/ VATSURICA、パール）/ VENDOME
AOYAMA、（フープ）/ VATSURICA、
Necklace（太チェーン）/ VENDOME
BOUTIQUE、（モチーフつき）/ EUCLAID、
（パール）/ VENDOME AOYAMA

メガネ・サングラス

Sunglasses（上濃グレーレンズ）/
Zoff、（中薄ブルーレンズ）/ 編集私
物、Glasses（下太黒メガネ）/ Zoff

そのほかの小物

Hat / 編集部私物、Scarf / NEWYORKER
Stole（グリーンチェック）/ 編集部私物、
（ブルーチェック）/ NEWYORKER、（赤）/
tsukisou

Day 1

簡単配色テクでメリハリコーデの完成

モノトーンにロイヤルブルーをアクセントに加えたクールな装い。顔立ちに華やかさのある冬タイプには、コントラストのきいたメリハリのある配色が似合います。ストレートタイプが得意なVネックのニットとマキシ丈のストレートスカートで、きれいなIラインシルエットをつくって。シルバーアクセサリーを添えたら洗練されたスタイルの完成です。

④ + ⑪ + A + C

60

きれいめカジュアルで
青山を散策

Day2

ダークブルーのストライプのシャツワン
ピースとインディゴデニムの組み合わせ
(同系色の濃淡配色)に、Tシャツや小物
はモノトーンで統一すると、グッと大人っ
ぽい雰囲気に。足もとはブラックレザー
にホワイトソールのスニーカーで、カジュ
アルさのなかにさりげない高級感を漂わ
せて。全体的に色のコントラストがきいた、
ハンサムなコーディネートになります。

①＋⑥＋⑪＋**E**

リバーサイドの
オープンカフェで
友達と待ち合わせ

Day3

スタイリッシュなジレとパンツのセット
アップ。冬タイプにはブラックやネイ
ビーなどのダークカラーがおすすめで
す。ゼブラ柄バッグとラズベリーレッド
のストールで華やかさを添えて。靴はあ
えてブラックではなく、ストールと同系
色の赤みブラウンのローファーを合わせ
ると、ワンランク上のおしゃれを楽しめ
ます。

①＋⑤＋**D**

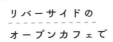

Day4

シャツにデニムだけは少しつまらない、物足りない、というときは、レッドやロイヤルブルーをアクセントに入れた、トリコロールカラーのパリジェンヌスタイルに。ベルトと靴は赤みブラウンで外して、肩肘張らないカジュアル感を足します。差し色としてのビビッドカラーは小さくとり入れるのがポイント。ホワイトの面積を多く残すことで、色数が増えても爽快感のある着こなしに。

❸+⓫+⓬+**C**+**E**

トリコロールカラーで
気分はパリジェンヌ

Day5

シャツ×デニム×テーラードジャケットで、シンプルシックなコーディネート。ハンサムなスタイルにはあえてヌーディーなデザインのシューズを合わせて、シルバーアクセサリーで輝きと華やかさをプラスしましょう。シャツは襟を立てて、袖はラフにまくってカッコよく着こなして。大切な会議の席でも自信をもって発言できそう。

❸+❼+❾+⓬+**E**

スタイリッシュコーデで
企画会議に出席

Day6

色と直線を効果的に
とり入れて洗練度アップ

シンプルな大人カジュアルも、ボーダーカットソーを肩にかけ、ビビッドなグリーンのサンダルでアクセントをつければ、抜け感のあるコーディネートに様変わり。バッグの柄をボーダーとリンクさせると、さらにこなれた雰囲気に。直線要素のデザインを全体にちりばめることで、ストレートタイプの魅力がキリッと引き立ちます。

集中力が
高まるブルーを
まとって資格の勉強

Day7

トレンチコートは、ベージュやキャメルよりもネイビーがおすすめです。冬タイプのカラーパレットに属するどの色とも相性抜群で、肌が美しく見えるうれしい効果も。ネイビーとロイヤルブルーは、同じブルー系の濃淡を使った配色。簡単におしゃれに見えるので、ぜひとり入れてみて。ストールにもブルーをリンクさせて深みのある装いに。

Day8

冬タイプだからこそ似合う
モノトーンスタイル

カジュアルなボーダーもモノ
トーンでまとめればシックに。
ホワイトのシャツと重ね着を
すれば、ドレッシーな雰囲気
も簡単にプラスできます。白
地が多いボーダーはさわや
かに見せる効果も。バッグは
レザー素材のものを選び、き
ちんと感を漂わせて。ロー
ファーはややボリュームのあ
るものを合わせると、重心バ
ランスが整いやすいです。

2 + 3 + 5

若手写真家の展示を見に
東京都写真美術館へ

Day9

ワンピースが主役のコーディネートも、冬×ストレートらしくスタイリッシュに。モノトーンの小物で上品クールに仕上げます。シルバーアクセサリーで顔まわりに光を集めるのも忘れずに。足もとは、バッグの直線デザインとリンクする、辛口テイストのポインテッドトゥサンダルで。エッジーな若手アーティストと出会える予感。

⑥+⑨

ホワイトを増やして
さわやかな雰囲気に

Day10

同じ配色でも、コーディネートのなかで占める色の面積を変えることで、雰囲気がガラッと変わります。Day3と同じホワイト×ブラック×ラズベリーレッドの組み合わせも、ホワイトの面積を全体の半分に増やすことでさわやかさがアップ。パンツではなくタイトスカートを合わせて、上品なやさしさとIラインシルエットをとり入れて。

③+④+⑫+Ⓓ

Day11

ソフトとスタイリッシュの絶妙バランス

シャープな冬×ストレートタイプがやわらかさを出したいときは、明るめの色を選んで。ライトグレーとホワイトをメインカラーにするとやさしい雰囲気がアップします。小物にはポイントでブラックをちりばめて、全体をキリッとさせて。肌寒い季節に重宝するプチハイネックニットは、ネックレスでVラインをつくって、胸もととの詰まり感を和らげます。

④+⑪+B

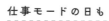

仕事モードの日も余裕と華やかさを忘れない

Day12

ブラックのセットアップはリクルート感が出ないよう、グレーのニット、バイカラーのバッグ、ラズベリーレッドのストールや大ぶりのシルバーアクセサリーなどで抜け感をプラス。ローファーはブラックではなく赤みのダークブラウンで足もとにやわらかさを。ストールと同系色なので、全体にきれいなまとまりが生まれます。

⑤+⑦+⑨+⑫+B

Day13

きれいめなジレ×パンツのセットアップ
と、カジュアルなボーダーカットソー
で、テイストをほどよくミックス。ハリ
のある素材のカットソーなので、カジュ
アルになりすぎず大人っぽく着こなせま
す。全体的にカッコいいイメージが強い
ので、鮮やかなレッドのバッグをプラス
すると上品な華やかさが生まれます。

②+⑤+D

ジレのセットアップを
徹底的に着まわす

デニムで近所に
できた話題の
ベーカリーへ

Day14

モノトーンアイテム×インディゴデニム
のリラックスコーデ。ブラックの冬アウ
ターでも重くならず洗練されるのは、冬
×ストレートタイプだからこそ。チェス
ターコートできれいめにまとめつつ、バッ
グのホワイトで適度な抜け感をプラスし
て。パンプスで足の甲を見せるとグッと
エレガントに。下がるタイプのピアスを
つけるときは、直線モチーフをチョイス。

⑧+⑩+⑪+⑫+B+E

Column

ストレートタイプなのに直線が似合わない!?

　骨格診断をしていると、「体型はストレートなのに、ストレートのアイテムがしっくりこない」という方が時々います。

　その場合、まず考えられる理由は「顔の印象」。たとえば、目が丸い、おでこや頬やフェイスラインに丸みがあるなど、顔のなかに曲線が多く入っている方は、本来ストレートタイプに似合うはずの直線的なアイテムが似合いにくいケースがあるのです。

　パーソナルカラー診断では「似合う色」を、骨格診断では「似合う形と素材」を見極めますが、加えてサロンでおこなっているのが「似合うファッションテイスト」を見極める『顔診断』。

　顔診断では、「顔の縦横の比率」「輪郭が直線的か曲線的か」「目の形や大きさ」などにより、顔の印象を4つのタイプに分類します。

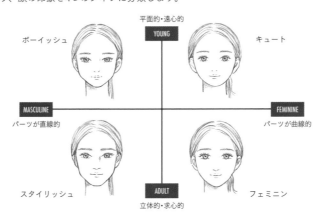

顔の印象に近づける、似合わせのコツ

　ストレートタイプなのにストレートのアイテムが似合いにくいのは、曲線的な「キュート」「フェミニン」タイプ。その場合、襟や袖など顔に近いパーツに曲線のディテールを入れると◎。

　子ども顔の「キュート」タイプの方は、ストレートの得意なきれいめアイテムで全身を固めるとしっくりこないことが多いので、カジュアルテイストにまとめるのがポイント。

　大人顔の「フェミニン」タイプの方は、きれいめなテイストはそのままに、素材をハリのあるポリエステルなど少しやわらかいものにすると、シンプルなシルエットでも似合いやすくなります。

Chapter 2

なりたい自分になる、
冬 × ストレートタイプの
配色術

ファッションを
色で楽しむ配色のコツ

ファッションに色をとり入れるのはハードルが高くて、気がつけばいつも全身モノトーン……。そんな方も多いのではないでしょうか？

でも、自分のパーソナルカラーを知ったいまならチャレンジしやすいはず。ぜひ積極的に似合う色をとり入れて、バリエーション豊かな着こなしを楽しんでいただきたいなと思います。

この章からは、色のあるアイテムをとり入れるときに役立つ「配色」のコツをご紹介。

配色とは、2種類以上の色を組み合わせること。相性のいい色同士もあれば、組み合わせるとイマイチな色同士もあり、配色によって生まれる雰囲気もさまざまです。

すてきな配色に見せる基本ルールを知っておくと、なりたいイメージやシチュエーションに合わせて自在に色を操れるようになり、ファッションがもっと楽しくなります。

すてきな配色に見せるには

40ページで、色味の違いを「色相」、明度や彩度の違いを「トーン」と呼ぶとお伝えしました。配色で重要なのは、この「色相」と「トーン」の兼ね合いです。

- 色相を合わせるなら、
  トーンを変化させる。

- 色相を変化させるなら、
  トーンを合わせる。

これが配色の基本セオリー。どういうことなのか、コーディネートに使える6つの配色テクニックとともにくわしく説明していきますね。

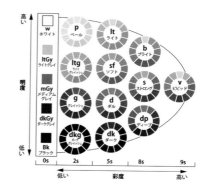

色相を合わせる

色相環で近い位置にある色相同士（色味が似ている色同士）を組み合わせるときは、トーンを変化させます。たとえばブルー系の色相同士を配色するなら、明度や彩度の異なるブルーを組み合わせる、といった感じ。色相を合わせる配色のことを「ドミナントカラー配色」といいます。

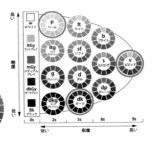

色相環で近い色味でまとめ、トーンは変化をつけて選択。

トーンオントーン

ドミナントカラー配色の中でもコーディネートに使いやすいのが「トーンオントーン配色」。トーンのなかで比較的「明度」の差を大きくつける方法です。色相（色味）のまとまりはありながらも、明るさのコントラストがはっきり感じられる配色です。

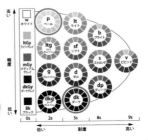

色相環で近い色味（同一も含む）でまとめ、トーンは主に縦に離す。明度差を大きくとって選択。

 **トーンを合わせる**

色相環で遠いところにある色相同士（色相に共通性がない反対色）を組み合わせるときは、トーンを合わせます。明度や彩度が似ている色同士を組み合わせると、きれいな配色になります。トーンを合わせる配色のことを「ドミナントトーン配色」といいます。

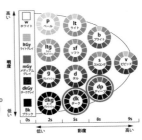

トーン図で近いトーンでまとめ、色相は変化をつけて選択。

配色テクニック③ 色相・トーンを合わせる（ワントーン配色）

色相・トーンともにほとんど差のない色同士をあえて配色することもあります。ファッション用語では「ワントーン」と呼ばれたりもします。専門用語では「カマイユ配色」や「フォカマイユ配色」（カマイユ配色より色相やトーンに少し差をつけた配色）と呼ばれる穏やかな配色で、その場合は異なる素材のアイテム同士を組み合わせるとおしゃれです（実際のコーデで使いやすいように無彩色も含めています）。

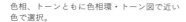

色相、トーンともに色相環・トーン図で近い色で選択。

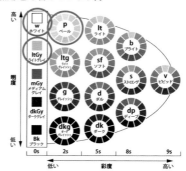

配色テクニック④ 色相・トーンを変化させる（コントラスト配色）

一方、色相やトーンが対照的な色同士を組み合わせると、コントラストがはっきりした配色になります。代表的な配色としては、2色の組み合わせの「ビコロール配色」、3色の組み合わせの「トリコロール配色」があります。

色相やトーンを、色相環・トーン図で離れた色で選択。冬タイプにとくに似合う配色。

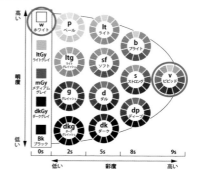

コーディネートが単調で物足りないときに使うといいのが「アクセントカラー」（強調色）。少量のアクセントカラーをとり入れるだけで、配色のイメージが驚くほど変わります。アクセントカラーは、ベースカラーやアソートカラーの「色相」「明度」「彩度」のうち、どれかの要素が大きく異なる色を選ぶのがポイント。

ベース、アソートに対して、反対の要素の色を入れる（この場合はトーン図で横に離れた色＝彩度が反対の色）。

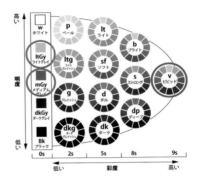

色と色の間に無彩色（白・グレー・黒など色味のない色）や低彩度色（色味の弱い色）を挟む方法。色相・トーンの差が少ない似た色同士の間にセパレートカラーを挟むと、メリハリが生まれます。また、組み合わせると喧嘩してしまうような色同士の間に挟むと、きれいにまとまります。ニットの裾からシャツを覗かせたり、ベルトをしたり、セパレートカラーを使うときは少ない面積でとり入れるのがポイント。

間に白を入れると、コントラストがやわらぎ調和して見える。

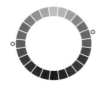

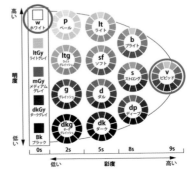

どの色を着るか迷ったときは？
色の心理的効果

自分に似合う色を知っていても、どの色を着ればいいのか迷うことがあるかもしれません。そんなときは、「今日1日をどんな自分で過ごしたいか」から考えてみるのはいかがでしょうか。色によって得られる心理効果はさまざま。色の力を借りれば、新しい自分や新しい日常と出会えるかも！

エネルギッシュに過ごしたい日は
RED レッド

炎や血液を彷彿とさせる、エネルギッシュで情熱的なレッド。大脳を刺激して興奮させる効果があります。

- ・自分を奮い立たせて、やる気を出したい日に
- ・自信をもって過ごしたい日に
- ・ここぞという勝負の日に

社交的に過ごしたい日は
ORANGE オレンジ

太陽の光のようにあたたかく親しみがあり、活動的なオレンジ。新しい環境や出会いの場におすすめの色です。

- ・積極的にコミュニケーションをとりたい日に
- ・陽気な気分で過ごしたい日に
- ・カジュアルな着こなしをしたい日に

思いきり楽しく過ごしたい日は
YELLOW イエロー

明るく元気なイメージのイエロー。目立ちやすく、人の注意を引く色なので、信号機や標識にも使われます。

- ・ポジティブに過ごしたい日に
- ・まわりから注目されたい日に
- ・知的好奇心やひらめき力を高めたい日に

リラックスして過ごしたい日は
GREEN グリーン

調和・平和・協調など、穏やかな印象をもつグリーン。自然や植物のように心身を癒やしてくれるヒーリングカラー。

- ・心身にたまった疲れを癒やしたい日に
- ・些細なことでクヨクヨしてしまう日に
- ・穏やかな気持ちでいたい日に

冷静に過ごしたい日は
BLUE ブルー

寒色の代表色で、冷静・信頼・知性などを連想させるブルー。血圧や心拍数を低減させ、気持ちの高揚を鎮める作用があります。

- ・心を落ち着かせたい日に
- ・考えごとやタスクが多く、焦っている日に
- ・理知的な雰囲気を演出したい日に

個性的な自分で過ごしたい日は

PURPLE パープル

古くから高貴な色とされてきた
パープル。正反対の性質をもつ
レッドとブルーからなるため、神
秘的な魅力があります。

・我が道を進みたい日に
・ミステリアスな魅力をまといたい
　日に
・格式高い場所へ行く日に

思いやりをもって過ごしたい日は

PINK ピンク

精神的な充足感を与えてくれるピ
ンク。女性ホルモンであるエスト
ロゲンの働きを高め、肌ツヤを
アップさせる作用も。

・まわりの人たちにやさしくしたい
　日に
・幸福感を感じたい日に
・誰かに甘えたい日に

堅実に過ごしたい日は

BROWN ブラウン

大地のようにどっしりとした安定
を表すブラウン。ダークブラウン
はクラシックなイメージの代表色
でもあります。

・コツコツがんばりたい日に
・自然体でいたい日に
・高級感を演出したい日に

自分を洗練させたい日は

GRAY グレー

日本を代表する粋な色、グレー。
「四十八茶百鼠」という言葉があ
るように、江戸時代の人は 100 種
以上ものグレーを生み出したそう。

・こなれ感を出したい日に
・シックな装いが求められる日に
・控えめに過ごしたい日に

新しいスタートを切りたい日は

WHITE ホワイト

白無垢やウェディングドレス、白
衣など、清く神聖なものに使われ
るホワイト。純粋さや清潔さを感
じさせる色です。

・新しいことを始める日に
・素直でありたい日に
・まわりの人から大切にされたい日に

強い自分でありたい日は

BLACK ブラック

強さや威厳、都会的などのイメー
ジをもつブラック。1980 年代以
降、ファッション界で圧倒的な人
気を誇ります。

・強い意志を貫きたい日に
・プロフェッショナル感を出したい日に
・スタイリッシュな着こなしをした
　い日に

11色で魅せる、
冬×ストレートタイプの配色コーディネート

GREEN 1
グリーン

さわやか配色の
スタイリッシュコーデ

ホワイトとビビッドな青緑のさわやか配色。ホワイトの面積を多くすると清涼感が生まれます。靴とバッグはブラックでまとめてスタイリッシュに。ストレートタイプに似合うフレアスカートは、ハリのある素材で腰まわりにタックやギャザーのないもの。幅3cm前後のベルトでウエストのジャスト位置をマークします。

青緑コーデ
さわやか配色で元気チャージ
フレアスカートを着るコツ

④色相・トーンを変化させる

T-shirt / GU（編集部私物）
Skirt / SHOO・LA・RUE
Sandals / 卑弥呼
Bag / MARHEN.J
Earrings / N.O.R.C（編集部私物）
Necklace / MISTY
Watch / SEIKO LUKIA

GREEN 2
グリーン

モノトーンの力でカジュアル
コーデを格上げ

顔立ちの華やかな冬タイプは、ビビッド
カラーとモノトーンのコントラスト配色
が得意です。ブラックの面積を多くすれ
ばスタイリッシュさがアップ。グレーの
パーカで鮮やかなグリーンの面積を調整
して、バッグとサンダルの色づかいで全
体を引き締めて。アイテムがカジュアル
でも、モノトーンならきれいめな雰囲気
に仕上がります。

強めコントラスト
スタイリッシュカジュアル
ビビッドカラーのとり入れ方

④色相・トーンを変化させる

Knit,Hoodie / KOBE LETTUCE
Skirt / antiqua
Sandals / Jimmy Choo（編集部私物）
Bag / L.L.Bean
Sunglasses / Zoff
Earrings / VATSURICA

似合うグリーンの選び方

冬タイプの華やかで凛とした魅力を引き
出してくれるのは、ビビッドなグリーン
や、クレオパトラが愛用したといわれる
マラカイトグリーン。深い青緑系がよく
似合いますが、涼しげな雰囲気を出した
いときは、薄いペールグリーンもおすす
め。同じ深い色でも、黄緑系で濁りのあ
るオリーブグリーンだと地味になってし
まうため、注意が必要です。

似合うグリーン

マラカイトグリーン　トゥルーグリーン　ペールグリーン

苦手なグリーン

オリーブグリーン　マスカットグリーン　パステルイエローグリーン

PINK 1

<ruby>PINK<rt>ピンク</rt></ruby>

ワザあり甘辛ミックスで
気になる人と食事へ

冬×ストレートがさりげない甘さを出す
コツは、アイテムの形をハンサムなもの
にして、配色でやわらかさを足すこと。
ライトグレーのニットにショッキング
ピンクのストレートパンツを合わせて、
小物にブラックをちりばめれば、美シル
エットの甘辛ミックスコーデの完成。
コーディネートのどこかでしっかりコン
トラストをつけることも重要ポイントで
す。

#甘すぎないけどかわいいコーデ
#やわらか配色のお手本
#1ラインシルエット

④色相・トーンを変化させる

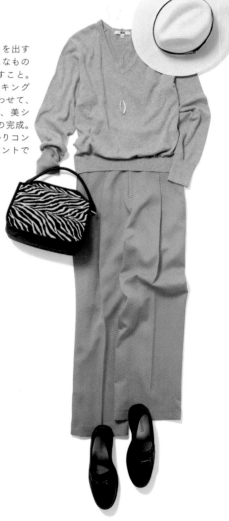

Knit / UNIQLO（編集部私物）
Pants / KOBE LETTUCE
Loafers / ACHILLES SORBO
Bag / cache cache
Hat / 編集部私物
Earrings,Necklace / MISTY

PINK 2
（ピンク）

ショッキングピンクを
モードに着こなしたい

ブラックのパーカとショッキングピンクのスカートでコントラストをきかせた、クールさのなかにほんのりスイートなムードを感じるモードカジュアル。ストレートタイプはカジュアルスタイルがやや苦手ですが、パーカを選ぶときは、ジャストサイズで上質な素材のものを選んで。スニーカーもレザー素材のものをチョイスするとリッチ感が増します。

\# 黒パーカで生むモード感
\# 動きやすさと高級感の両立
\# 鮮やかピンクで気分も華やかに

(④色相・トーンを変化させる)

Hoodie / 編集部私物
Skirt / KOBE LETTUCE
Sneakers / ACHILLES SORBO
Bag / L.L.Bean
Scarf / ディスティル
Glasses / Zoff
Earrings / VATSURICA
Watch / G-MS

似合うピンクの選び方

もち前の黒髪やコントラストの強い瞳と調和する、鮮やかなショッキングピンクやマゼンタがおすすめ。青みの強い鮮やかなピンクには、フェイスラインをすっきり見せる効果も。肌にも透明感が出て、冬タイプの凛とした魅力がアップします。黄みの強いピーチや濁りのあるサーモンピンクは肌がくすんでしまうため、できるだけ避けたほうがベターです。

似合うピンク

チェリーピンク　ショッキングピンク　マゼンタ

苦手なピンク

ピーチピンク　サーモンピンク　コーラルピンク

GRAY 1

<ruby>GRAY 1<rt>グレー</rt></ruby>

待ちに待った休日、
最近ハマってる街歩きへ

明るめのグレーで軽やかな雰囲気を出し、小物をブラックでまとめて引き締め。メガネなど小さい面積でもブラックが入ることで、引き締め効果がアップします。スウェットのタイトスカートは、ヒップラインを拾わないハリのある上質な生地がおすすめ。レッドのカーディガンをジャストウエスト位置に巻いて、アクセントを加えつつ重心バランスを整えて。

動けるスカートスタイル
ブラック小物の効果
カーデ腰巻きで一石二鳥

⑤アクセントカラーを入れる

Tops / 編集部私物
Cardigan / NEWYORKER
Skirt / antiqua
Sneakers / ACHILLES SORBO
Bag / cache cache
Glasses / Zoff
Earrings / VATSURICA

GRAY 2

グレー

信頼感アップ配色で
新しい企画の打ち合わせ

ネイビーのストライプシャツとグレーの
ストレートパンツに、シャツと同系色の
ロイヤルブルーのニットやチェックのス
トールをプラスして、モノトーン×寒色
系の濃淡配色。知性と落ち着きを感じさ
せるブルーは、オフィススタイルにも
ぴったりのカラーです。耳もとにひと粒
パール、胸もとにシルバーネックレスを
足して、上品なやさしさを添えて。

お仕事モードの日に最適
信頼感アップの配色
シンプルアクセを大活用

(①色相を合わせる)

(⑤アクセントカラーを入れる)

Shirt / 無印良品（編集部私物）
Knit,Pants,Stole / NEWYORKER
Loafers / ACHILLES SORBO
Bag / cache cache
Earrings / VENDOME AOYAMA
Necklace / EUCLAID
Belt / UNIQLO（編集部私物）

似合うグレーの選び方

濁った色が苦手な冬タイプですが、ホワ
イトとブラックだけを混ぜた無彩色のグ
レーであればシックでモダンなイメージ
になります。なるべく色味を感じないシ
ンプルなグレーを選びましょう。明るい
グレーはやわらかくやさしい雰囲気に、
暗いグレーは大人っぽくカッコいいイ
メージになるので、なりたい雰囲気や気
分に合わせてとり入れて。

似合うグレー

ライトグレー

ミディアムグレー

チャコールグレー

苦手なグレー

ライトブルーグレー

チャコールブルーグレー

ウォームグレー

BLACK 1

<ruby>BLACK<rt>ブラック</rt></ruby>

ホテルの最上階のバーで
夜景とお酒を楽しむ

冬タイプがエレガントな着こなしをした
いときは、高級感のあるブラックを甘め
のデザインで着て、ピンクのストールを
プラス。大ぶりのシルバーアクセサリー
で顔に輝きを添えて。ストレートタイプ
を美しく見せるのは、ネックラインが縦
に大きくあいているⅠラインワンピース。
苦手なパフスリーブは、肘まである袖丈
で、肩が上に膨らんでいないデザインを
選ぶのがコツ。

美しさが際立つブラック
マゼンタでドラマティックに
デザイン袖にはまとめヘアが最適

⑤アクセントカラーを入れる

One piece / ROYAL PARTY LABEL
Sandals / RANDA
Bag / cache cache
Stole / 編集部私物
Earrings,Necklace / MISTY

BLACK 2

<ruby>BLACK<rt>ブラック</rt></ruby> 2

柄を主役にするなら
大柄チェック

ブラック×ホワイトの大胆なチェック
は、冬タイプが得意なコントラスト配色
と、ストレートタイプが得意な直線モ
チーフを同時にとり入れられる柄。フレ
アスカートならエレガントな雰囲気も楽
しめておすすめです。モノトーンに映え
るシルバーのアクセサリーと、冬×スト
レートらしいブラックのサングラスで、
スタイリッシュに決めて。

 # 柄が主役のモノトーンコーデ
 # チェックのスカートも大人っぽく
 # 黒サングラスは冬ストにイチオシ

④色相・トーンを変化させる

T-shirt / GU（編集部私物）
Skirt / THE SHOP TK
Sandals / RANDA
Bag / MARHEN.J
Sunglasses / Zoff
Earrings / VATSURICA
Watch / SEIKO LUKIA

似合うブラックの選び方

「黒は万能」というイメージがありますが、
じつは誰にでも似合う色ではないんです。
春・夏・秋・冬の４タイプのなかでも、ブ
ラックが似合うのは冬タイプのみ。華や
かな顔立ちだからこそ、強いブラックで
もスタイリッシュに着こなすことができ、
もち前の黒髪や瞳がより美しく見えます。
色あせたようなブラックよりも、はっきり
したブラックを選ぶのがポイントです。

似合うブラック

ブラック

やさしさの漂うシックな
トリコロールカラー

冬タイプの得意な鮮やかなレッドのニットをデニムスカートと組み合わせて、落ち着いたトリコロール配色に。カジュアルなイメージのトリコロール配色も、ブルーを暗いネイビーにすることで大人っぽい雰囲気になります。デニムスカートはきれいめ素材のマキシ丈が好バランス。レッドは強い色なので、ホワイトの靴とバッグで軽やかさを出しましょう。

\# トリコロールカラーを大人っぽく
\# 赤をシックに着る
\# ホワイト小物で軽さを

④色相・トーンを変化させる

Knit / BANANA REPUBLIC（著者私物）
Skirt / DAMA Collection
Sneakers / CONVERSE
Bag / L.L.Bean
Stole / Ralph Lauren（著者私物）
Earrings / VATSURICA
Necklace / KNOWHOW（編集部私物）

RED 2
レッド

配色の力でライダースを
軽やかに着こなす

色空間で最もコントラストが強い、レッ
ド×ホワイト×ブラックの３色を使っ
たスタイリッシュな配色。ネイビーを
使ったトリコロール配色はやさしい雰囲
気ですが、ネイビーをブラックにするこ
とでモダンなイメージに様変わりしま
す。クールなライダースジャケットはス
トレートタイプによく似合うアイテム。
ブーツはピンヒールではなくやや太めの
ヒールを選んでバランスよく。

\# ライダースをさらっと着たい
\# スタイリッシュな配色のコツ
\# 配色で印象はガラッと変わる

④色相・トーンを変化させる

Knit / NEWYORKER
Jacket / JOHN LAWRENCE
SULLIVAN（編集部私物）
Skirt / maison de Dolce.
Boots / 編集部私物
Bag / L.L.Bean
Scarf / ディスティル
Earrings / VATSURICA

似合うレッドの選び方

凛とした華やかさのある冬タイプには、
鮮やかで少し深い真紅や、赤紫に黒が
入ってできるワインレッドがよく似合い
ます。暗い色であっても赤紫系のレッド
であれば、肌の透明感が出てきれいに見
えるのでおすすめです。反対に、黄みを
感じる朱赤や、濁りのあるレンガ色は苦
手な色。肌が黄色くくすんで地味に見え
てしまいます。

似合うレッド

トゥルーレッド

ブルーレッド

ワインレッド

苦手なレッド

オレンジレッド

クリアオレンジレッド

レンガ

BLUE
ブルー

休暇中は葉山で
リゾート気分にひたる

真夏にぴったりの清涼感あふれるスタイ
ル。鮮やかなロイヤルブルーと真っ白の
Tシャツで彩度・明度ともにコントラス
トをつけて、メリハリのある配色に仕上
げます。全体のシルエットはIラインを
意識。ジャストウエスト位置にライトグ
レーのカーディガンを巻いて、ホワイト
とロイヤルブルーをなじませたら、シル
バーのサンダルで足もとまで涼しげに。

涼しげ配色コーデ
コントラストを思いきりつける
シルバーサンダルの抜け感

④色相・トーンを変化させる

T-shirt / GU（編集部私物）
Knit / UNIQLO（編集部私物）
Skirt,Sandals / KOBE LETTUCE
Bag / SHOO・LA・RUE
Sunglasses / 編集部私物
Earrings,Necklace / MISTY

似合うブルーの選び方

クリアで鮮やかなブルーを選んで。英国
王室のオフィシャルカラーとしても知ら
れているロイヤルブルーは、やや紫みの
ある濃く鮮やかなブルー。冬タイプの
クールでスタイリッシュな魅力をより引
き出してくれる、おすすめの色です。濁
りの強いブルー、緑みを感じるライト
ターコイズなどは、暗い印象になったり
肌が黄色く見えたりしてしまうため、顔
まわりは避けましょう。

似合うブルー

ロイヤルブルー　　トゥルーブルー　　ペールブルー

苦手なブルー

スモーキーターコイズ　ライトターコイズ　ダークターコイズ

YELLOW
イエロー

イエローの力を借りて、
同僚とブレスト

ひらめき力を高めるイエローは、クリエ
イティブな仕事をするときにおすすめ。
ブラックとイエローは彩度・明度ともに
反対の色なので、イエローはやや薄めに
してコントラストを和らげてあげると
着こなしやすさがアップ。全体の色は3
色にとどめて、きれいめな小物を合わせ
たら、派手すぎない大人のカジュアルス
タイルのできあがり。

イエローの着こなし方
白レザースニーカーで出す高級感
きれいめリュック大活躍

④色相・トーンを変化させる

Knit / 編集部私物
Pants / SHOO・LA・RUE
Sneakers / ACHILLES SORBO
Bag / cache cache
Glasses / Zoff
Earrings / MISTY
Necklace / Le scale

似合うイエローの選び方

「ブルーベースは黄色が似合わない」と
思われがちですが、そんなことはありま
せん。クリアでビビッドな色が得意な冬
タイプは、レモンのような、黄緑を感じ
る鮮やかな蛍光カラーが似合います。苦
手なのは、濁りのあるマスタードやオレ
ンジに近いゴールド。肌に赤みが出て見
えてしまいます。

似合うイエロー

レモンイエロー　ペールイエロー

苦手なイエロー

マスタード　ゴールド　ゴールデンイエロー

NAVY
ネイビー

海沿いのイタリアンで
魚介ピザを堪能

ホワイトとブルー系の寒色でまとめた夏
らしい配色。ネイビーのジレをメインカ
ラーにすることで、大人っぽく知的なイ
メージのマリンスタイルに。ネイビーの
類似色相（隣接色相より色味の差がある
同系色）であるターコイズブルーのバッ
グでアクセントを足し、ホワイトとシル
バーの小物で清涼感をアップ。暑い夏を
軽やかに乗り越えられそう。

夏の海辺コーデ
ジレで狙うスタイルアップ効果
ビビッドカラーは小さくプラス

①色相を合わせる

⑤アクセントカラーを入れる

Knit / SHEIN
Gilet / NEWYORKER
Pants / 編集部私物
Shoes / 編集部私物
Bag / COLE HAAN（編集部私物）
Hat / 編集部私物
Earrings / MISTY

似合うネイビーの選び方

ネイビーもブラックに次いで、冬タイプ
の得意なベーシックカラー。とくに暗め
の濃紺は、フェイスラインをすっきりさ
せてくれるのでおすすめです。青紫を感
じるくらいのダークネイビーも似合いま
す。黄みを含んだ明るいネイビーは、顔
がくすんで見えてしまい、冬タイプの華
やかでスタイリッシュなイメージが薄れ
てしまうので気をつけて。

似合うネイビー

ネイビーブルー

ダークネイビー

苦手なネイビー

ライトネイビー

マリンネイビー

88

PURPLE
パープル

家族ぐるみで仲よしの
友人を誘ってランチ会

古くから高貴な色とされているロイヤル
パープル。着るのに勇気がいる鮮やかな
色も、モノトーンのカジュアルアイテム
と合わせることでハードルが下がりま
す。品も忘れないカジュアルスタイル
は、気の置けない友人家族との集まりに
ぴったり。ボトムスをウールギャバジン
のワイドパンツやタイトスカートに替え
ると、少しきちんとした場にもマッチし
ます。

#秋にぴったりパープルコーデ
#モノトーンをいかした大人カジュアル
#気どらない上品さ

①色相を合わせる

Shirt / NEWYORKER
Knit / 編集部私物
Jacket / uncrave（編集部私物）
Skirt / antiqua
Sneakers / ACHILLES SORBO
Bag / L.L.Bean
Earrings / VENDOME AOYAMA

似合うパープルの選び方

淡いペールバイオレットから暗いロイヤル
パープルまで幅広く着こなすことができ、
上品な凛とした魅力がアップします。パー
プルを選ぶなら、とにかく濁っていないも
のを選ぶのが最重要ポイントです。顔に
あててぼんやり見えたら濁っている色のサ
イン。

似合うパープル

ロイヤルパープル

ペールバイオレット

苦手なパープル

ディープバイオレット

クロッカス

レッドパープル

BROWN
ブラウン

肩肘張らないほっこり
コーデでリラックス

肩の力を抜きたい日は、サロペットでリラックス感を。筋肉のつきやすいストレートタイプはハリのある高品質素材が似合いますが、体の質感がソフトな方は、少しやわらかめのポリエステルでもバランスがとれます。色はワインに近いダークブラウンを。同系色のラズベリーレッドのストールで華やかさを、足もとはハラコ素材で遊び心を添えて。

ほっこりサロペットコーデ
体の質感に合わせて素材をアレンジ
黄みブラウンも足もとなら OK

①色相を合わせる

⑤アクセントカラーを入れる

T-shirt / GU（編集部私物）
Overalls / STUNNING LURE
（編集部私物）
Sandals / ZARA（著者私物）
Bag / 編集部私物
Stole / tsukisou
Earrings / N.O.R.C（編集部私物）
Necklace / EUCLAID

似合うブラウンの選び方

濁りのないクリアなブラウンを選ぶのがポイント。ワインに近い赤紫系のダークブラウンはスタイリッシュな冬タイプによく似合います。キャメル、アーモンドブラウン、ニュアンスカラーのローズブラウンは苦手な色。とくにキャメルは冬タイプの苦手な「黄み」と「濁り」をあわせもつ色なので、顔まわりにもってくるのはなるべく避けて。

似合うブラウン

ボルドー

苦手なブラウン

キャメル　　アーモンドブラウン　ローズブラウン

保護者会は"上品"と
"モード"をバランスよく

シルバーグレーとホワイトの面積を多く
して、上品な軽やかさを出したジャケッ
トスタイル。鮮やかな色を着るのに抵抗
を感じるときは、顔まわりに少し入れる
だけでもパーソナルカラーの効果を実感
できます。ボリュームのあるシルバー
ネックレス、ブラックの表革を使った
バッグ＆ブーツ、幾何学模様のスカーフ
で、ほどよくモードに。

上品ジャケットスタイル
ロイヤルブルーで品格アップ
小物で出すモード感

⑤アクセントカラーを入れる

Knit,Scarf / NEWYORKER
Jacket / Attenir
Skirt / maison de Dolce.
Boots / 卑弥呼
Bag / cache cache
Earrings / VATSURICA
Necklace / VENDOME BOUTIQUE

似合うホワイトの選び方

ブラックと同様に、混じりけのないピュ
アなホワイトが似合う唯一のタイプ。真っ
白はとても強い色なので、色の強さに負
けない華やかな顔立ちの冬タイプだから
こそ美しく着こなせます。レフ板効果が
高く、身につけるとフェイスラインがすっ
きり見えるのもうれしいポイント。黄み
のあるアイボリーやバニラホワイトは顔
がくすんで見えてしまいます。

似合うホワイト

ピュアホワイト

苦手なホワイト

アイボリー　　　バニラホワイト

Column

買う前に試着、していますか?

　さまざまなファッション理論をもとに「似合う」の選びかたをお伝えしてきましたが、いざ購入する前にできるだけしていただきたいこと、それは「試着」です。

　人の肌の色や体のつくりは、パーソナルカラーや骨格タイプが同じ方でもおひとりずつ微妙に異なります。アイテムの色や形やサイズ感が自分に本当に似合うかどうかは、実際に身につけてみなければ厳密にはわかりません。

　いまは、オンラインストアの商品を自宅や店舗で試着できるサービスもありますので、できれば購入前に試してみることをおすすめします。

　試着しても自分に似合っているのかどうかイマイチわからないという方は、下のチェックリストをぜひ参考にしてみてください。

冬×ストレートタイプの試着チェックリスト

事前準備

☐ 着脱しやすい服で行く
☐ 普段の外出時につける下着をきちんと身につける
☐ コーディネートしたい服や靴で行く
☐ 合わせ鏡で後ろ姿まで見えるように、手鏡を持参する
　（スマホのインカメラでもOK。購入前の商品の撮影はマナー違反になる場合があるため注意）

ストレートタイプのチェックリスト

☐ （トップス）着丈や肩の位置がジャストか

☐ （トップス）二の腕の外側のハリが目立たないか

☐ （トップス）後ろ姿を見たとき、背中のお肉を拾いすぎていないか

☐ （パンツ）靴と合わせたとき、9分丈になっているか。適度なゆとりがあって太ももの肉感を拾っていないか

☐ （ワンピース）バストで前身頃が上がってしまうことがあるため、ウエスト位置がジャストでキープされているか

☐ （ニット）ウエストのくびれが出る程度に、適度に体にフィットしているか

冬タイプのチェックリスト

☐ 肌に透明感が出てすっきりして見えるか

☐ アイテムの色に黄みがあり、顔が黄色くくすんでいないか

☐ アイテムの色に濁りがあり、顔がぼんやり見えていないか

Chapter 3

冬 × ストレートタイプの
魅力に磨きをかける
ヘアメイク

冬×ストレートタイプに似合う
コスメの選び方

最高に似合う鉄板メイクを見つけよう

顔に直接色をのせるメイクは、パーソナルカラーの効果を実感しやすい重要なポイント。似合う服を着ていても、メイクの色がイマイチだと「似合う」が薄れてしまいます。

逆にいうと、本来得意ではない色の服を着たいときや着なければいけない事情があるときは、メイクを似合う色にすれば服の色の影響を和らげることが可能。とくにチークとリップを似合う色で徹底するだけで、顔色がよくなりいきいきと輝きます。

「コーディネートに合わせてメイクも変えなくては」と思っている方も多いかもしれませんが、自分に最高に似合う鉄板メイクが見つかれば、毎日同じメイクでも大丈夫。決まったコスメを使っていればいつもきれいでいられるなんて、忙しい日常を送る私たちにはうれしいですよね。

もちろん、自分に似合うメイクパターンをいくつかもっておい て、コーディネートやシーンに合わせて使い分ける楽しみもあります。どちらでも、ご自身に合うメイク方法を試してみてください。

冬×ストレートタイプがコスメを選ぶときのコツ

肌の色はさまざまな冬タイプですが、濃い髪色、目力のある真っ黒な瞳、パーツが大きめでくっきりとした顔立ちの方が多いため、華やかなコスメカラーが似合います。

真紅、ワインレッド、ショッキングピンクなどの色も、派手になりすぎず洗練度アップ。黄みや濁りのある色は避け、青みを感じるクリアな色を選びます。ラメやパールのキラキラ感、ツヤ感や透け感も得意。

顔が華やかなので、メイクは引き算がポイント。アイメイクを強めにしたいときはシアーなリップで軽さを出したり、鮮やかなリップをつけたいときはアイシャドウの色味を抑えたり。全体のバランスを整えると、あか抜けメイクに仕上がります。

おすすめのメイクアップカラー

アイシャドウ

ブラウン系なら、グレーがかったブラウンや赤みのブラウンがおすすめ。華やかなパープルや青みのレッドも、派手にならず上品に華やぎます。黄みのブラウンやゴールドは顔が黄色くくすむので苦手。

ペールバイオレット　グレイッシュブラウン　レッドパープル

ペールピンク　チェリーピンク　ワインレッド

チーク

鮮やかなローズピンクやフューシャピンクなど、青みのあるクリアなピンクをつけると肌の透明感がアップして見えます。くすんだオレンジ系やブラウン系は、顔がぼんやりした印象になるので注意。

カメリアピンク　チェリーピンク　フューシャピンク

リップ

鮮やかな色や深みのある色がとても似合います。青みのあるクリアな色で、マットよりツヤのあるタイプを選んで。黄みの強い色は顔が黄ぐすみし、淡いパステルカラーは物足りない印象になります。

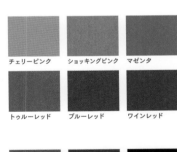

チェリーピンク　ショッキングピンク　マゼンタ

トゥルーレッド　ブルーレッド　ワインレッド

アイブロウ・アイライナーなど

眉は髪や瞳の色と調和するチャコールブラウンを。真っ黒で描くと強くなりすぎる場合があるので注意して。アイライナーはブラックや赤みのダークブラウンがおすすめ。ブルーやグリーン、バイオレットなどのカラーライナーもよく似合います。

チャコールブラウン　チャコールグレー　レッドパープル

自分史上最高の顔になる、
冬×ストレートタイプの
ベストコスメ

引き算でつくる華やかメイク

目もとは色味を抑えてもともとの目力を
いかし、チークとリップを華やかカラー
に。青みを感じる色合いが、クールさ
とエレガントさを同時に引き出してくれ
ます。インパクトのある色でも浮かずに
なじむので、普段のメイクとしてもお出
かけ用のメイクとしても活用できます。

基本ナチュラル
メイク

アイシャドウ
DIOR

ディオールショウ サンク
クルール 669 ソフト カシミア

グレーがかったブラウンと、
シルバーのラメが入ったハイ
ライトで、真冬の澄んだ空の
ようにキリッと輝く目もとに。
落ち着いた色味ですが、冬タ
イプの目力と相まって抜群の
存在感を放ちます。赤みのあ
るブラウンやチャコールブラ
ウンを締め色に使うと、肌が
さらに美しく見えます。

チーク
THREE

THREE チーキーシーク
ブラッシュ 05 FEELING THE
FLOW

見た目で鮮やかなローズピン
クのチークも、冬タイプの頬
にのせるとちょうどいい華や
かさに。冬タイプはツヤ感が
似合うので、シルキーなツヤ
の出るタイプがおすすめ。

リップ
CHANEL

ルージュ ココ ブルーム
172120 フレッシュネス

少し青みを感じる赤紫系の深
いレッドは、肌の透明感を
アップし、髪や眉や瞳の美し
い黒さを際立たせてくれま
す。クールにもエレガントに
も見える色なので、さまざま
なシーンで活躍すること間違
いなし。ツヤのあるタイプで、
軽さのあるシアーな唇に。

気高く輝く
パープルメイク

アイシャドウ
ADDICTION
アディクション
ザ アイシャドウ パレット
002 Everlasting Lilac
エバーラスティング ライラック

パープルはブルーベースの方
が得意な色なので、ぜひ試し
てみて。冬タイプは「ちょっ
と派手?」と思うくらいの華
やかなパープルを選ぶと、高
貴な目もとを演出できます。
シルバー系かピンク系の偏光
タイプのラメ入りなら、主張
が強くなりすぎず、すっきり
した雰囲気に仕上がります。

チーク
ADDICTION
アディクション ザ ブラッシュ
008P Fuchsia Berry (P)
フューシャ ベリー

花の名前から名づけられた
フューシャピンクのパール入
りチーク。青みの強いピンク
が冬タイプの肌を美しく見
せ、繊細なパールが輝きをプ
ラスしてくれます。

リップ
KATE
リップモンスター 12
誓いのルビー

パープルのアイシャドウに合
わせて、リップは青みの強い
ルビーレッドをチョイス。冬
タイプは華やかなルビーや深
みのあるワインレッドのリッ
プがよく似合います。同じレッ
ド系でも、ブラウンがかった
レンガ色を選んでしまうと、
地味な印象になってしまうの
で注意。

情熱的な
レッドメイク

アイシャドウ
REVRON

レブロン ダズル アイシャドウ
クアッド 003 ヴィンテージ
ローズ

ここぞという勝負の日は、レッ
ドを主役にしたメイクで気合
いを入れて。ほんのり青みを
感じるレッド系のアイシャドウ
パレットは、情熱的な目もと
をつくるのにぴったりです。
インパクトの強い大きめのラ
メ入りでも、冬タイプならギ
ラつかず華やかな仕上がり
に。

チーク
excel

オーラティック　ブラッシュ
AB04 シャイガール

冬×ストレートの鉄板、青み
のあるクリアなローズピンク。
アイシャドウとリップの色を強
めにするときは、チークをや
や薄めにして引き算しましょ
う。

リップ
rom&nd

ジューシー ラスティング
ティント 21 DEEP
SANGRIA

少し青みのあるビビッドな
レッドで、口もとも思いきり
情熱的に。華やかな目鼻立
ちと調和して、とてもドラマ
ティックな雰囲気になります。
ほかのタイプではとり入れに
くい色なので、ぜひトライし
てみてください。冬タイプは
基本的に青みのあるレッドが
似合いますが、ニュートラル
な真っ赤も◎。

冬×ストレートタイプに似合う
ヘア&ネイル

本命ヘアは、
黒髪をいかした重めストレート

　顔まわりを縁どる髪は、服やメイクとともにその人の印象を大きく左右します。パーソナルカラーのセオリーをヘアカラーに、骨格診断のセオリーをヘアスタイルにとり入れて、もう一段上の「似合う」を手に入れましょう！

　冬タイプは黒髪がとても似合うので、地毛のままでもすてきです。カラーリングするならレッドパープルやブルーアッシュがおすすめ。ハイライトやインナーカラーも、赤紫・青紫系やグレーアッシュだとマッチします。

　明るいイエロー系やオレンジ系は、肌が黄ぐすみして見えてしまうので注意を。

　ストレートタイプに似合うヘアスタイルは、直線をいかした自然なスタイル。動きを出すときは毛先だけにするのがおすすめです。毛量を軽くしすぎず、やや重さを残したほうが、体とのバランスがとれて魅力的。

[**おすすめのヘアカラー**]

ワインレッド　　　　　レッドパープル

バイオレット　　　　　ブルーグレー

ブルーアッシュ　　　　ブラック

[**おすすめのネイルカラー**]

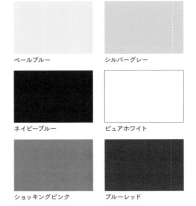

ペールブルー　　　　　シルバーグレー

ネイビーブルー　　　　ピュアホワイト

ショッキングピンク　　ブルーレッド

Short

モードな黒髪
ショートヘア

眉や瞳の深いブラックをさらに輝かせるなら、地毛の黒髪をいかしたヘアに。毛先だけに動きを出した重さのあるショートボブで、思いきりモードなスタイルを楽しんで。

Medium

ラズベリーレッドの
ひし形ミディアムヘア

暗めの赤紫系のヘアカラーで、美肌＆小顔見え。重さを残したひし形のミディアムがこなれた雰囲気。おでこが狭め、顔の縦幅が短めの方は、前髪をつくらず流すとフェイスプロポーションが整います。

黒髪がつやめく
ロングヘア

冬×ストレートタイプのシャープな魅力を最大限にいかすなら、ロングヘアも黒髪でクールに決めて。自然なストレートヘアがよく似合うので、カールをかけたいときは毛先だけにするのがポイント。

シンプルな
ハーフアップアレンジ

直線をいかしたシンプルなハーフアップスタイル。冬×ストレートタイプは、ラフにしすぎず、巻きすぎず、きちんと感を残すとすてきです。髪をねじり上げて後ろでとめる夜会巻きも、モードな雰囲気になっておすすめ。

スタイリッシュな
グレー系ネイル

ツヤのあるグレーに、シ
ルバーのラメやシェルを
合わせた、スタイリッシュ
で品もあるモノトーンネ
イル。冬タイプのカラー
パレットにあるどの色の
服を着てもぶつかりませ
ん。直線的で大きめのシェ
ルがポイント。

コントラストがきいた
ピンク系ネイル

赤紫系のピンクの濃淡に、
真っ白を合わせて、冬タ
イプが得意なコントラスト
配色に。ビビッドな青み
ピンクが甘すぎないかわ
いさを演出。ブルーベー
スの方がゴールドを入れた
いときは面積を少なめに。

パーティー感のある
ブルー系ネイル

ネイビー×シルバー×グ
レー系ベージュで大人っ
ぽく華やかに。ネイビーと
ベージュは補色（真反対
の色）なので、合わせる
とグッとおしゃれな雰囲気
になります。シルバーの
オーロラがシャープなアク
セントに。

Epilogue

　本書を最後まで読んでくださってありがとうございました。

　あなたの魅力を輝かせる『パーソナルカラー×骨格診断別　似合わせBOOK』。

　個性を引き出す、ファッションやヘアメイク、ネイルをご覧いただきいかがでしたでしょうか。

　「パーソナルカラー×骨格診断」。この2つのセオリーは、あなたがすでにいま、持っている魅力や個性を引き出し、より美しく輝かせるものです。もちろん、ファッションは楽しむものなので、セオリーに縛られることなく、自由に服選びを楽しんでいただければと思います。

　でも、あまりにも多くの情報があふれるいま、つい、自分にないものを求めてしまったり、他の人と比べてしまうことも、もしかしたらあるかもしれません。

　そんなふうに何を着たらよいか迷ってしまったときに、この本が、あなたらしいファッションに気づく、ひとつのきっかけになればとてもうれしく思います。

　私のサロンに来られるお客さまは、パーソナルカラーと骨格診断に合った色やデザインの服、メイクを実際にご提案すると「今までこんな服やメイクはしたことがなかったです！」「私は、本当はこういう服が似合うんですね！」と驚かれる方もたくさんいらっしゃいます。朝に来店されたときとは見違えるほどすてきになった姿を、数えきれないくらい目にしてきました。

　自分自身を知り、それを最大限にいかすことは、「あなたらしい、身に着けていて心地よいファッション」を叶える近道になると思います。

　色とりどりの服やコスメは、それを目にするだけで、私たちをワクワクした気持ちにさせてくれます。色とファッションのもつパワーを味方につけて、ぜひ、毎日の着こなしを楽しんでくださいね。

毎朝、鏡に映るあなたの顔が、これからもずっと、幸せな笑顔であふれますように。

　最後になりますが、この12冊の本を制作するにあたり、本当に多くの方に、お力添えをいただきました。

　パーソナルカラーと骨格診断のセオリーにマッチした、膨大な数のセレクトアイテム。その全商品のリースを、一手に引き受けてくださったスタイリストの森田さん。根気よく置き画制作を担当してくださった、佐野さんはじめ、スタイリストチームのみなさん。すてきな写真を撮ってくださったフォトグラファーのみなさん、抜けのある美しいメイクをしてくださったヘアメイクさん、頼りになるディレクターの三橋さん、アシストしてくださった鶴田さん、木下さん、すてきな本に仕上げてくださったブックデザイナーの井上さん。

　そして、本書の編集をご担当いただきました、サンクチュアリ出版の吉田麻衣子さんに心よりお礼を申し上げます。特に吉田さんには、この1年、本当にいつもあたたかく励ましていただき、感謝の言葉しかありません。最高のチームで、本づくりができたことに感謝の気持ちでいっぱいです。

　また、アイテム探しを手伝ってくれた教え子たち、そして、この1年、ほとんど家事もできないような状態の私を、何もいわずにそっと見守ってくれた主人と息子にも、この場を借りてお礼をいわせてください。本当にありがとう。

　たくさんのみなさまのおかげでこの本ができあがりました。本当にありがとうございました。

2024年3月　海保 麻里子

協力店リスト

＜衣装協力＞

・ ACHILLES SORBO
（アキレス・ソルボ）
https://www.achilles-sorbo.com

・ Attenir
（アテニア）
https://www.attenir.co.jp/index.html

・ antiqua
（アンティカ）
https://www.antiqua.co.jp

・ VENDOME AOYAMA
（ヴァンドームアオヤマ）
https://vendome.jp/aoyama

・ VENDOME BOUTIQUE
（ヴァンドームブティック）
https://vendome.jp/vendome_boutique

・ EUCLAID
（エウクレイド）
https://fulcloset.jp/ext/euclaid

・ L.L.Bean
（エル・エル・ビーン）
https://www.llbean.co.jp

・ cache cache
（カシュカシュ）
https://www.unbillion.com/brand/
cachecache

・ KOBE LETTUCE
（コウベレタス）
https://www.lettuce.co.jp

・ CONVERSE
（コンバース）
https://converse.co.jp

・ THE SHOP TK
（ザ ショップ ティーケー）
https://store.world.co.jp/s/brand/the-shop-tk/

・ ザ・スーツカンパニー
https://www.uktsc.com/women/

・ SHEIN
（シーイン）
https://jp.shein.com

・ G-MS
（ジーミズ）
https://www.casio.com/jp/watches/babyg/
products/g-ms

・ SHOO・LA・RUE
（シューラルー）
https://store.world.co.jp/s/brand/shoo-la-
rue/

・ SEIKO LUKIA
（セイコー ルキア）
https://www.seikowatches.com/jp-ja/
products/lukia

・ Zoff
（ゾフ）
https://www.zoff.co.jp/shop/default.aspx

・ DAMA Collection
（ダーマ・コレクション）
https://www.dinos.co.jp/catalog_s/dama

・ tsukisou
（ツキソウ）
https://www.moonbat.co.jp/

・ ディスティル
https://www.uktsc.com/

・NEWYORKER
（ニューヨーカー）
https://www.ny-onlinestore.com/shop/
pages/newyorker-.aspx

・VATSURICA
（バツリカ）
https://www.vatsurica.net

・卑弥呼
（ヒミコ）
https://himiko.jp

・MARHEN.J
（マルヘンジェイ）
https://www.marhenjjapan.com

・MISTY
（ミスティ）
https://misty-collection.co.jp

・mite
（ミテ）
https://www.mite.co.jp

・maison de Dolce.
（メゾン ド ドルチェ）
https://dolce-official.com

・RANDA
（ランダ）
https://www.randa.jp

・Le scale
（リスカーラ）
https://lescale.theshop.jp

・ROYAL PARTY LABEL
（ロイヤルパーティーレーベル）
https://royalpartylabel.com

＜ヘアスタイル画像協力＞

P101上
EGO sette（エゴ セッテ）／OZmall
https://www.ozmall.co.jp/hairsalon/0367/

P101下
alnico TOKYO（アルニコ トーキョー）／
OZmall
https://www.ozmall.co.jp/hairsalon/1866/

P102下
Endearing（エンディアリング）／OZmall
https://www.ozmall.co.jp/hairsalon/1834/

＜ネイル画像協力＞

P103上下
EYE＆NAIL THE TOKYO
https://www.eyeandnailthetokyo.com

P103中　青山ネイル
https://aoyama-nail.com

＜素材画像協力＞

P44　iStock

※上記にないブランドの商品は、著者私物・編集
部私物です。
※掲載した商品は欠品・販売終了の場合もありま
す。あらかじめご了承ください。

著者プロフィール

海保 麻里子
Mariko Kaiho

ビューティーカラーアナリスト®
株式会社パーソナルビューティーカラー研究所 代表取締役

パーソナルカラー&骨格診断を軸に、顧客のもつ魅力を最大限に引き出す「外見力アップ」の手法が評判に。24年間で2万人以上の診断実績をもつ。自身が運営する、東京・南青山のイメージコンサルティングサロン「サロン・ド・ルミエール」は、日本全国をはじめ、海外からも多くの女性が訪れる人気サロンとなる。
本シリーズでは、その診断データをもとに、12タイプ別に似合うアイテムのセレクト、およびコーディネートを考案。「服選びに悩む女性のお役に立ちたい」という思いから、日々活動を行う。
また、講師として、カラー&ファッションセミナーを1万5千回以上実施。企業研修やラグジュアリーブランドにおけるカラー診断イベントも多数手がける。わかりやすく、顧客に寄り添ったきめ細やかなアドバイスが人気を博し、リピート率は実に9割を超える。
2013年には、「ルミエール・アカデミー」を立ち上げ、スクール事業を開始。後進の育成にも力を注ぐ。
その他、商品・コンテンツ監修、TVやラジオ、人気女性誌などのメディア取材多数。芸能人のパーソナルカラー診断や骨格診断も数多く担当するなど、著名人からも信頼を集める。
著書に『今まで着ていた服がなんだか急に似合わなくなってきた』(サンマーク出版)がある。

サロン・ド・ルミエール HP
https://salon-de-lumiere.com/

クラブS

新刊が12冊届く、公式ファンクラブです。

sanctuarybooks.jp/clubs/

サンクチュアリ出版 YouTube チャンネル

奇抜な人たちに、文字には残せない本音を語ってもらっています。

選書サービス

あなたのお好みに合いそうな「他社の本」を無料で紹介しています。

sanctuarybooks.jp/rbook/

サンクチュアリ出版 公式 note

どんな思いで本を作り、届けているか、正直に打ち明けています。

note.com/sanctuarybooks

人生を変える授業オンライン

各方面の「今が旬のすごい人」のセミナーを自宅でいつでも視聴できます。

sanctuarybooks.jp/event_doga_shop/

パーソナルカラー冬×骨格診断ストレート 似合わせBOOK

2024年3月6日 初版発行

著　者　　海保麻里子

装丁デザイン／井上新八
本文デザイン／相原真理子
モデル／横川莉那（スペースクラフト・エージェンシー）
撮影（人物）／畠中彩
撮影（物）／畠中彩、高田みづほ、小松正樹
ヘアメイク／yumi（Three PEACE）
スタイリング（アイテム手配）／森田文菜
スタイリング（アイテム置き画制作）／佐野初美、小沼進太郎、岡村彩
編集協力／三橋温子（株式会社ヂラフ）
制作協力（アシスタント業務）／Yuuka、NANA（ルミエール・アカデミー）
イラスト／ヤベミユキ
DTP／エヴリ・シンク

営業／市川聡（サンクチュアリ出版）
広報／岩田梨恵子、南澤香織（サンクチュアリ出版）
制作／成田夕子（サンクチュアリ出版）
撮影補助／木下佐知子（サンクチュアリ出版）
編集補助／鶴田宏樹（サンクチュアリ出版）
編集／吉田麻衣子（サンクチュアリ出版）

発行者　　鶴巻謙介
発行・発売　サンクチュアリ出版
〒113-0023 東京都文京区向丘2-14-9
TEL:03-5834-2507 FAX:03-5834-2508
https://www.sanctuarybooks.jp
info@sanctuarybooks.jp

印刷・製本　株式会社シナノ パブリッシング プレス

| 春 Spring | コーラルピンク | 血色がよくハリが出る ➡ 似合う |
| | | 黄みが出て浮く ➡ 似合わない |

診断用カラーシート

| 冬 Winter | ブラック | 凛として小顔になる ➡ 似合う |
| | | 影が目立ち暗い ➡ 似合わない |